Klett Lektürehilfen

Bertolt Brecht

Leben des Galilei

Interpretationshilfe für Oberstufe und Abitur

von
Karl-Heinz Hahnengreß

Klett Lerntraining

Dr. Karl-Heinz Hahnengreß, Gymnasiallehrer für Deutsch und Philosophie, mehrjähriger wissenschaftlicher Mitarbeiter für Pädagogik und Lehrbeauftragter für Literaturdidaktik an der Universität zu Köln.

Die Kurzinfos und Schnellcheck-Seiten wurden von der Redaktion Klett Lerntraining verfasst.

Die Seitenangaben zum Dramentext beziehen sich auf die Ausgabe: Bertolt Brecht, *Leben des Galilei.* Frankfurt a. M.: Suhrkamp, 1963 (edition suhrkamp 1).

Bibliografische Information der Deutschen Nationalbibliothek
Die Deutsche Nationalbibliothek verzeichnet diese Publikation in der Deutschen Nationalbibliografie; detaillierte bibliografische Daten sind im Internet über http://dnb.dnb.de abrufbar.

Dieses Werk folgt der reformierten Rechtschreibung und Zeichensetzung. Ausnahmen bilden Texte, bei denen künstlerische, philologische oder lizenzrechtliche Gründe einer Änderung entgegenstehen.

2. Auflage 2019

www.klett-lerntraining.de
kundenservice@klett-lerntraining.de
Umschlagfoto: dpa Picture-Alliance GmbH
Satz: DOPPELPUNKT, Stuttgart
Druck: medienhaus Plump GmbH, Rheinbreitbach
Printed in Germany
ISBN 978-3-12-923155-5

1 Inhaltsangabe und erste Deutungsaspekte

2 Analyse und Interpretation

3 Schnellcheck

4 Prüfungsaufgaben und Lösungen

1 Inhaltsangabe und erste Deutungsaspekte

Einleitung

Das Werk Bertolt Brechts (1898–1956) hat die Entwicklung des deutschen Dramas nach dem Zweiten Weltkrieg entscheidend geprägt. Die Gründe für die fortdauernde, auch kritische oder gar polemische Auseinandersetzung mit Brecht, die den Autor schon bald in den ungeliebten Rang eines ‚Klassikers' erhoben haben, sind vielfältig:

- Die großen Dramen der mittleren Zeit, die Brecht in seinen Exiljahren (1933–47) geschrieben hat, sind zweifellos von überragender dichterischer Qualität.
- Wie kaum ein anderer Autor des 20. Jahrhunderts hat Brecht sein literarisches Schaffen theoretisch zu untermauern versucht, gar den Anspruch erhoben, das unserer Zeit – dem ‚wissenschaftlichen Zeitalter' – gemäße Theater entwickelt zu haben.
- Brecht, der seit Anfang der 1930er-Jahre überzeugter Marxist war, verstand sein eigenes, das „epische" Theater nicht nur als revolutionär im künstlerisch-ästhetischen Sinne, sondern auch als ein Instrument der Aufklärung im Sinne einer revolutionären gesellschaftlichen Praxis.

Diese Verbindung von künstlerischem und politischem Anspruch hat Brecht besonders bei westlichen, ‚bürgerlichen' Theatermachern, -kritikern und Literaturwissenschaftlern oft harsche Kritik eingebracht, die den Dramatiker und Dichter gegen den Theatertheoretiker und Ideologen auszuspielen versuchten. Auf den ersten Blick scheint gerade Brechts wohl bedeutendstes Drama, *Leben des Galilei*, und seine Rezeptionsgeschichte einer solchen Kritik recht zu geben. Brecht hat dem Stück nach seiner Fertigstellung im Herbst 1938 anfangs nur wenig Aufmerksamkeit gewidmet, es sogar als einen großen Rückschritt in formaler Hinsicht bezeichnet (vgl. AJ 12.2.1939). Es ist auch nicht zu verkennen, dass es formal weitaus weniger Brechts Konzeption des „epischen

Theaters“ entspricht als etwa das bald darauf entstandene Parabelstück *Der gute Mensch von Sezuan*.
Andererseits ist kaum ein anderes Brecht-Stück so oft aufgeführt worden. Ein gut Teil seines Publikumsinteresses verdankt es sicher der anhaltenden Aktualität des Themas. Die Frage nach der gesellschaftlichen Verantwortung des Wissenschaftlers hat in einer Zeit, in der für viele Menschen die bedrohliche Seite des wissenschaftlich-technischen Fortschritts immer mehr zutage tritt, eher noch an Brisanz gewonnen. Dem Leser bzw. Zuschauer wird jedoch nicht entgehen, dass eine vorschnelle Aktualisierung der Bedeutungsvielfalt des Stücks nicht gerecht werden kann. Aktuelle Probleme des technischen Fortschritts haben für Brecht bei der Niederschrift der ersten Fassung nur eine untergeordnete Rolle gespielt.

Bedeutsame Literatur ist nicht bedeutsam aufgrund vordergründiger Aktualität ihres Gegenstandes. Sie ist auch nur selten bedeutsam, weil sie als beispielhafte Verwirklichung eines künstlerischen oder politischen Programms gelten kann. Sie wird es vielmehr dadurch, dass sie durch ihre künstlerische Form einen Beziehungsreichtum ihrer Inhalte eröffnet, der immer wieder zur erneuten Auseinandersetzung herausfordert. Dies gilt auch für *Leben des Galilei* und kann wohl als der tiefere Grund für das anhaltende Interesse an diesem Stück gelten.
Leben des Galilei ist ein literarisches Kunstwerk, für dessen Verständnis verschiedene Aspekte des Historischen als Leitmotiv dienen können:
- Der Inhalt hat einen realgeschichtlichen Hintergrund.
- Der Darstellung der Geschichte im Stück liegt eine materialistische Geschichtstheorie zugrunde.
- Die Struktur des Stücks muss im Zusammenhang mit Brechts Konzeption des epischen Theaters betrachtet werden, in der ‚Historisieren‘ die zentrale ästhetische Kategorie darstellt.
- Die Aussage des Stücks ist nicht unerheblich durch die Umstände seiner Entstehungsgeschichte geprägt.
- Die Aussage ist nicht unerheblich von seiner Wirkungsgeschichte, d. h. seiner Rezeption unter sich wandelnden historisch-politischen Rahmenbedingungen abhängig.

Struktur des Stücks

Fehlen einer Akteinteilung

Das Stück enthält in der Druckfassung 15 Szenen, die in arabischen Ziffern durchnummeriert sind. Es fehlt die bei ‚klassischen' Dramen meist übliche Einteilung in Akte. Statt des Begriffs ‚Szene' sollte man deshalb mit Brecht den Begriff ‚Bild' verwenden.

Jeder Übergang von einem Bild zum folgenden ist bis auf eine Ausnahme (4./5. Bild) mit einem Wechsel des Schauplatzes verbunden; das jeweils folgende Bild hat auch keinen direkten zeitlichen Anschluss an das vorhergehende. Das Schauspiel zeichnet sich durch eine ungewöhnliche Vielfalt der Handlungsorte aus (Padua, Venedig, Florenz, Rom, Arcetri), und die Handlung umfasst einen Zeitraum von nicht weniger als 28 Jahren.

Eine solche Ausdehnung von Ort und Zeit des dramatischen Geschehens findet sich in der Geschichte der dramatischen Literatur z.B. in den Historienstücken des elisabethanischen Englands, etwa in den um 1600 entstandenen Königsdramen William Shakespeares. Bezeichnenderweise klingen denn auch im Titel des Stücks *Leben des Galilei* Shakespeare'sche Dramentitel an (vgl. etwa *The Life and Death of King John*, *The Life of Henry the Fifth* oder *The Life of Timony of Athens*).

Chronikcharakter des Stücks

Durch seine Raum- und Zeitstruktur und seinen lockeren äußeren Aufbau gewinnt das Stück den Charakter der Chronik, eines historischen Bilderbogens, der geschichtlich verbürgte Ereignisse aus dem Leben des Physikers Galilei zu einer dramatisierten Biographie zusammenfügt. Trotz dieser lockeren Reihung der Bilder und fehlender äußerer Gliederung hat das Stück einen komplexen und vielschichtigen inneren Aufbau:

Innerer Aufbau

Spannungskurve durch Abfolge der historischen Ereignisse

- Die Chronologie der historischen Ereignisse weist eine Spannungskurve auf, der Brecht in der Komposition der einzelnen Bilder Rechnung trägt: Bild 1–3 schildern die Entstehungsbedingungen des neuen Wissens (1609/10), Bild 4–7 die Entfaltung des neuen Wissens in der Auseinandersetzung mit den traditionellen Instanzen bis zur Vermahnung Galileis (1611–16), Bild 9–13 die Verschärfung des Konflikts bis zum Widerruf Galileis (1624–33), Bild 14–15 zeigen die Folgen des Widerrufs (1636/37). Dieser gleichsam ‚historische' Aufbau der dramatischen Handlung wird unterstrichen und ergänzt durch ein anderes Gestaltungsmittel.

Spannungsverhältnis von Handlung und Reflexion

- Viele Dialoge des Stücks haben den Charakter des Reflexionsdialogs, der erklärenden Deutung und Bewertung der historisch-gesellschaftlichen Gründe und Folgen der dargestellten Ereignisse. Solche Reflexionsdialoge finden sich vor allen Dingen an den ‚Gelenkstellen' der Dramenhandlung, insbesondere im 3., 8., 12. und 14. Bild. Die Handlung gerät so in ein Spannungsverhältnis zu den Gedanken und Einsichten der Bühnenfiguren.

Kompositionsprinzip: Parallele und Kontrast

- Ein drittes wichtiges Strukturprinzip ist das Prinzip von Parallele und Kontrast (Umkehrung) der einzelnen Bilder. Der begeisterten Aufnahme des Fernrohrs als Mittel wirtschaftlichen Profits (2. Bild) steht seine Ablehnung als Mittel wissenschaftlicher Forschung gegenüber (4. Bild); Galilei wird vom einfachen Volk zum revolutionären Helden erkoren (10. Bild), aber von seinen adligen Protektoren an die Kirche ausgeliefert (11. Bild). Während im 3. Bild Galilei durch seinen Glauben an die Vernunft der einfachen Menschen dazu verleitet wird, seine Forschungen in Florenz fortzusetzen, veranlassen im 12. Bild die Vorhaltungen des Inquisitors über die Folgen der mit der neuen Wissenschaft entstandenen Vernünftigkeit des Volkes den Papst, Galilei zum Widerruf seiner Lehre zu zwingen. Besonders eng sind, bis in die einzelnen Handlungselemente hinein, das 1. (und 3.) und das 14. Bild verknüpft: In beiden Bildern erhält Andrea eine Lektion, ein Geschenk wird überreicht; dem Morgen des 1. Bildes steht der Abend des 14. Bildes gegenüber.

Funktion der Gestaltungsmittel

Durch den Gegensatz von Dramenhandlung und Reflexionsdialogen und das szenische Bauprinzip von Parallele und Kontrast wird der Zuschauer zu einer kritischen Beurteilung des Geschehens auf der Bühne herausgefordert. Dies wird verstärkt durch ein anderes Gestaltungsmittel. Brecht stellt jedem Bild eine typographisch hervorgehobene Überschrift, einen Szenen-Titel, und den meisten Bildern kurze Verse, Epigramme, voran, die vielfach historisch genaue Orts- und Zeitangaben enthalten. Diese Einführungstexte sind keine Regieanweisungen,

Szenen-Titel und Epigramme

sondern sollen in die Aufführung des Stücks einbezogen werden. Die Szenen-Titel sollen auf eine Gardine projiziert werden, die den Bühneninnenraum zwischen den einzelnen Bildern verschließt. Die Epigramme sollen, möglichst von Kinderstimmen, gesungen werden. Die Szenen-Titel haben primär informative Funktion. Zum einen stellen sie manchmal den Anschluss der Bilder untereinander her, indem sie zwischen den einzelnen Bildern liegende, nicht auf der Bühne gezeigte Ereignisse erwähnen. Zum anderen, und dies ist deutlicher ausgeprägt, fassen sie das Geschehen des jeweils folgenden Bildes zusammen. So teilt etwa der Szenen-Titel zum 4. Bild mit, dass die Gelehrtenwelt von Florenz, der Galilei sein Fernrohr präsentieren will, seinen Entdeckungen keinen Glauben schenken wird. Dieses eher unscheinbare Gestaltungsmittel ist für die Dramaturgie des Stücks ungemein bedeutsam: Der Fortgang der Handlung verliert seine Spannung. Die Aufmerksamkeit des Zuschauers wird auf das Wie der dargestellten Ereignisse und auf die Darstellung selbst gelenkt.

Szenen-Titel: Information über das Geschehen

Die Epigramme, die in ihrer Schlichtheit und ihrem naiven Ton oft an Kindergedichte erinnern, nehmen zumeist ebenfalls auf das folgende Bild Bezug. Sie tun dies aber in ganz unterschiedlicher Weise, manchmal in der Art des Chronisten (Bild 9 und 14), manchmal mit moritatenhaft-belehrenden Zügen (Bild 2 und 13), dann wieder nur in der indirekten Form sentenzenhafter Verse Bild 4 und 11). Die Epigramme gewinnen so meist einen kommentierenden Charakter. Sie provozieren das kritische Urteil des Lesers/Zuschauers dadurch, dass sie seine Aufmerksamkeit auf ganz bestimmte Aspekte des Bühnengeschehens lenken und dieses in Zusammenhänge stellen, die über den Rahmen der Handlung hinausführen.

Epigramme: kommentierender Charakter

Handlungsverlauf

KURZINFO

1. Bild

- In einem Lehrgespräch erklärt Galileo Galilei seinem Schüler Andrea das neue kopernikanische Weltbild und führt seine Methode des „vernünftigen Sehens" vor.
- Er ist davon überzeugt, dass eine neue Zeit kommen wird und mit ihr die Selbstbefreiung des Menschen.

1. Bild: Charakter der Exposition

Der Szenen-Titel provoziert beim Zuschauer Fragen: Wer ist dieser Galileo Galilei? Was hat es mit dem kopernikanischen Weltsystem auf sich? Warum will Galilei Beweise für dieses System finden? Das Bild erhält so expositorische Züge: Der Zuschauer wird mit der Hauptfigur und den konfliktreichen Grundbedingungen seiner Lebensidee vertraut gemacht.

Struktur des Bildes

Diese Funktion spiegelt sich in der Struktur des 1. Bildes: Es ist ein mehrteiliges Gespräch zwischen dem ‚Lehrer' Galilei und seinem ‚Schüler' Andrea, das scheinbar unterbrochen, in Wahrheit aber ergänzt und vertieft wird durch Galileis Rede über die neue Zeit (S. 8–10) und die Gespräche Galileis mit Ludovico (S. 14f.) und dem Kurator (S. 16–20).

Licht als Metapher der Aufklärung

Die Verse des Epigramms umreißen Ort und Zeit des Bildes näher und lassen etwas von seiner Atmosphäre anklingen. Auffällig ist die Metapher des Lichts; es steht für die Aufklärung, den Aufbruch des Menschen aus geistiger Unmündigkeit und Aberglauben zu vernünftigem, selbstbestimmtem Denken und Handeln.

Morgen- und Aufbruchstimmung

Dem ‚Licht' der Verse des Epigramms entspricht die Morgen- und Aufbruchstimmung des 1. Bildes (vgl. Galileis Rede über die neue Zeit, S. 8–10).

Gegensatz zwischen Galileis Lebensfreude und materiellen Sorgen

Zu Beginn sehen wir Galilei bei der Morgentoilette. Andrea, der elfjährige Sohn der Haushälterin, Frau Sarti, bringt das Frühstück. Die fröhliche, von körperlichem Wohlbehagen geprägte Art, mit der Galilei sich wäscht, sich von Andrea den Rücken abtrocknen lässt und dann seine Milch trinkt, steht in auffallendem Gegensatz zu der Ärmlichkeit seiner Studierstube und seinen materiellen Sorgen. Galilei verwandelt sogar die Ermahnungen Frau Sartis über offene Rechnungen des Milchmanns,

die Andrea übermittelt, in ein heiter belehrendes Spiel über Fragen der Elementargeometrie.
Anhand eines Holzmodells des traditionellen ptolemäischen Weltsystems, das Galilei dem kleinen Andrea zum Geschenk macht, entwickelt sich dann ein beziehungsreiches Lehrgespräch, das mit den Grundlagen des astronomischen Streits vertraut macht. Galilei stellt sich in diesem Lehrgespräch als das genaue Gegenteil des sprichwörtlichen ‚Stubengelehrten' dar. Er lehrt und denkt in einer anschaulichen, geradezu sinnlichen Weise, und er ist leidenschaftlich an der Verbreitung seines Wissens interessiert:

Galilei als leidenschaftlicher Lehrer

> „Ich will gerade, daß auch du es begreifst. Dazu, daß man es begreift, arbeite ich und kaufe die teuren Bücher, statt den Milchmann zu bezahlen." (S. 11)

Das Gespräch beginnt mit einer genauen Untersuchung des Holzmodells. Andrea beschreibt das Modell (8 Schalen mit einem Stein in der Mitte), und Galilei gibt die Deutung (Planeten in ihren Schalen mit Erde in der Mitte). Die Schlussfolgerung („Das ist schön. Aber wir sind so eingekapselt") überlässt er seinem Schüler. Der Lehrer Galilei setzt also auf die Denkfähigkeit seines Schülers. In seinem Sinne lernen heißt: Erlernen einer Methode zur vernünftigen Erklärung der Natur.

Appell an das Denkvermögen des Schülers

Galileis Methode ist das „vernünftige Sehen", d. h. das Zusammenwirken von empirischer Beobachtung und logisch exakter Erklärung, was mehr ist als bloße Wahrnehmung. So kann Galilei dem zuerst dem bloßen Augenschein vertrauenden Andrea sagen: „Du siehst! Was siehst du? Du siehst gar nichts. Du glotzt nur. Glotzen ist nicht sehen!" (S. 11) und wenig später zu Frau Sarti: „Ich lehre ihn [Andrea] sehen." (S. 12)

Galileis Methode der „vernünftigen Sehens"

Durch ein modellhaftes Experiment – er trägt Andrea auf einem Stuhl um den Waschschüsselständer – erläutert Galilei auf anschauliche Weise, dass der Ortswechsel der Sonne auch durch die Bewegung der Erde erklärt werden kann. Dieses Sehen-Lernen trägt bei Andrea schon Früchte:

Modellhafte Erklärung der kopernikanischen Lehre und der Gravitation

> „Den Stuhl mit mir haben Sie nur seitwärts um sich selber gedreht und nicht so. *Macht eine Armbewegung vornüber.* Sonst wäre ich nämlich heruntergefallen, und das ist ein Fakt." (S. 12 f.)

Dieser Einwand ist vernünftig. Er macht deutlich, dass die kopernikanische Lehre von der Drehung der Erde um die Sonne ohne eine Theorie der Gravitation widersprüchlich, nicht Ausdruck eines „vernünftigen Sehens“ wäre. So sieht sich der Lehrer nun herausgefordert, mittels eines Apfels, in den er ein Holzscheit steckt, den Grundgedanken der Gravitation zu erläutern. Der fröhlich-optimistische Charakter dieses Wissenserwerbs hat seine Wurzel nicht nur in Galileis sinnlicher Natur und Andreas kindlicher Neugier. Er speist sich vor allem aus Galileis Glauben, am Beginn einer neuen Zeit zu stehen. Das statische Weltbild des Ptolemäus mit seinen einengenden Kristallschalen hat sich überlebt. Jetzt bewegt sich alles, und die Maxime lautet: „Da es so ist, bleibt es nicht so“; die Veränderung wird zum einzig Bleibenden. Galileis neue Zeit erscheint somit nicht nur als die Zeit der Entwicklung einer neuen Astronomie; vielmehr ist die neue Astronomie des Kopernikus Ausdruck einer historischen Veränderung von epochaler Bedeutung.

Galileis Glaube an die neue Zeit

Galileis Rede über diese neue Zeit ist zugleich eine Hymne auf die unbegrenzten Möglichkeiten des Menschen und eine materialistische Erklärung des Heraufkommens dieser Zeit. Die Menschen haben ihr Weltbild erweitert und zugleich die Erfahrung der Beherrschbarkeit der Natur gemacht:

Hymne auf den Fortschritt und materialistische Deutung der Geschichte

> „Auf unserem alten Kontinent ist ein Gerücht entstanden: es gibt neue Kontinente. Und seit unsere Schiffe zu ihnen fahren, spricht sich auf den lachenden Kontinenten herum: das große gefürchtete Meer ist ein kleines Wasser.“ (S. 9)

Vernünftiges Wissen statt Glaube an Autoritäten

An die Stelle des Glaubens an Autoritäten und ihr Wissen tritt das vernünftige Wissen der einzelnen Menschen, das sich dem Zweifel an den Autoritäten verdankt. Dieser Zweifel macht aber auch vor den Instanzen der alten Ordnung nicht halt, die Zugluft lüftet „sogar den Fürsten und Prälaten die goldbestickten Röcke“. Sie verlieren ihre Einzigartigkeit, so wie die Religion ihren Sinn verliert („Die Himmel, hat es sich herausgestellt, sind leer“, S. 10).

Fortschrittsglaube

Das Wissen der neuen Zeit wird somit zum Mittel der Selbstbefreiung des Menschen sowohl aus den Fesseln der Natur als auch der traditionellen Autoritäten. Wie das Universum keine willkürlichen Grenzen mehr braucht, so kennt auch der Fortschritt der irdischen Dinge keine Schranken mehr.

Frau Sartis Skepsis

Frau Sarti indes, die Galileis Gespräch mit Andrea unterbricht, kann diesen Optimismus nicht teilen. Sie begegnet derlei ‚Schwärmereien' angesichts der drückenden Schulden Galileis mit Sarkasmus: „Hoffentlich können wir auch den Milchmann bezahlen in dieser neuen Zeit, Herr Galilei." (S. 12)

Wissenschaft als gesellschaftliche Konvention

Andreas Unterrichtsstunde wird unterbrochen, als Ludovico Marsili erscheint, ein reicher junger Mann, der Privatstunden wünscht. Ludovico, Erbe einer Gutsbesitzerfamilie aus der Campagna, kommt eben von einer Bildungsreise aus den Niederlanden zurück. Ihn treibt nicht, wie Andrea, Wissensdurst dazu, Wissenschaft zu treiben; Wissenschaft gehört in seinen Kreisen einfach ‚zum guten Ton':

> „Die Mutter meint, ein wenig Wissenschaft ist nötig. Alle Welt nimmt ihren Wein heutzutage mit Wissenschaft, wissen Sie."
> (S.15)

Galilei erfährt vom Fernrohr

Sein wahres Interesse gilt jedoch den Pferden. Galilei akzeptiert Ludovico als Schüler, auf Kosten des kleinen Andrea, der so sehr viel mehr dem Ideal des neuen, wissbegierigen Menschen entspricht, aber nicht zahlen kann. Beiläufig erfährt Galilei durch Ludovico von einer in Holland gemachten Erfindung, dem Fernrohr und dessen Konstruktionsprinzip. Er wittert eine Chance, mithilfe dieses Instruments, das er auf einem Blatt flüchtig skizziert, seine finanzielle Lage zu verbessern und damit nicht länger auf dumme und uninteressierte Schüler angewiesen zu sein. Nur die wieder eingetretene Frau Sarti verhindert, dass er Ludovico sogleich wegschickt.

Dem aufmerksamen Zuschauer entgeht nicht, dass Galileis Verhältnis zu Frau Sarti auch eine mehr persönliche Seite haben muss, denn, unbelauscht von anderen Personen, gehen beide zum vertraulichen Du der Anrede über:

> GALILEI Schau mich nicht so an. Ich habe ihn genommen.
> FRAU SARTI Weil du mich zur rechten Zeit gesehen hast.
> (S.16)

Frau Sarti hat den Kurator der Universität, Priuli, angekündigt, den Galilei, kaum dass er hereingeführt worden ist, um einen halben Skudo bittet, um Andrea zum

Brillenmacher zu schicken, der ihm zwei Linsen anfertigen soll.

Gespräch mit dem Kurator: die wirtschaftliche Seite der Wissenschaft

Das folgende Gespräch mit Priuli – Galilei war um eine Gehaltserhöhung eingekommen – dreht sich um die materielle Seite der Wissenschaft. Priuli kann, so sagt er, das Gesuch Galileis nicht unterstützen, da die Mathematik (aber auch die theoretische Physik) im Gegensatz zu Philosophie und Theologie eine ‚brotlose Kunst' sei. Nach Priulis Auffassung richtet sich der Wert einer Wissenschaft nach den Gesetzen des Marktes:

Wert der Wissenschaft richtet sich nach den Gesetzen des Marktes

> „Sie können für das Wissen, das Sie verkaufen, nur so viel verlangen, als es dem, der es Ihnen abkauft, einbringt." (S. 18)

Deshalb hatte auch Galileis Proportionalzirkel, eine Art früher Rechenmaschine, Anklang gefunden; mit ihm ließen sich zahlreiche im Geldgeschäft und Militärwesen notwendige Berechnungen einfacher und genauer durchführen. Auch Philosophie und Theologie können laut Priuli ökonomischen Nutzen bringen:

Der Verkaufswert von Philosophie und Theologie

> „Die Philosophie zum Beispiel, die Herr Colombe in Florenz verkauft, bringt dem Fürsten mindestens 10 000 Skudi im Jahr ein." (S. 18)

Jede Form von Macht und Herrschaft ist offenbar für den ‚Geschäftsmann' Priuli nichts anderes als die Möglichkeit, auf Kosten der Machtlosen und Beherrschten Geschäfte zu machen. Wenn Philosophie und Theologie dazu dienen, die Macht der Mächtigen zu rechtfertigen, vermehren sie indirekt deren Profite.

Priuli weist aber auch nachdrücklich darauf hin – und der ungeduldige Galilei muss ihm darin widerwillig zustimmen –, dass es bedeutende Unterschiede in der Behandlung der neuen Wissenschaft zwischen der Republik Venedig und den geistlichen und weltlichen Fürstentümern gibt. In der Republik genießt die Wissenschaft relative Freiheit und Schutz vor der geistlichen Gewalt. Ihre Herrschaftsform beruht auf dem materiellen Gewinnstreben freier Bürger, die die Nützlichkeit der neuen Wissenschaft für ihre Zwecke erkannt haben:

Relative Freiheit der Forschung in der Republik Venedig

> „Unsere Kaufleute, die wissen, was besseres Leinen im Kampf mit der Florentiner Konkurrenz bedeutet, hören mit Interesse Ihren Ruf ‚Bessere Physik!', und wieviel verdankt die Physik dem Schrei nach besseren Webstühlen!" (S. 19)

Galilei lehnt die Vermarktung seines Wissens nicht ab, er beklagt das Verlangen nach schnellem Erfolg, das sein persönliches Forschen so sehr behindert: „Ihr verbindet dem Ochsen, der da drischt, das Maul." (S. 20)

‚Kurzsichtigkeit der Kaufleute'

Nachdem Priuli fortgegangen ist, folgt die Fortsetzung des Dialogs mit Andrea. Dieser bringt die Linsen vom Schleifer, die Galilei im Folgenden zu einer Fernrohrkonstruktion zusammensetzt. Andrea zeigt sich als begeisterter Schüler seines Lehrers. Sein Wissensdurst ist stärker als seine leiblichen Bedürfnisse (er hat den Apfel, den ihm Galilei geschenkt hatte, nicht gegessen, um seiner Mutter die Erddrehung erklären zu können), und er bekennt, auch Physiker werden zu wollen.

Andrea will Physiker werden

Galileis Optimismus erscheint jetzt jedoch verhaltener. Er warnt Andrea davor, mit anderen Leuten über die neuen Ideen zu sprechen. Trotz der relativen Freiheit in der Republik ist er nicht ohne Furcht vor der Macht der Obrigkeit, obwohl er glaubt, schlüssige Beweise für die neuen astronomischen Theorien, die er zu finden hofft, könnten einen Konflikt mit den Mächtigen verhindern.

Galileis Glaube an die Macht der Beweise

Das Fernrohr, das er am Schluss mit dem faszinierten Andrea ausprobiert, soll ihm die finanziellen Mittel verschaffen, um in Ruhe diese Beweise finden zu können. Ironischerweise erkennt er hier noch nicht, dass das Fernrohr dazu noch in ganz anderer Hinsicht, nämlich als Mittel der genauen empirischen Beobachtung der Gestirne, wird dienen können.

Im 1. Bild werden alle thematischen Aspekte und handlungstragenden Momente des Stücks (Gegensatz von Glauben und Zweifel, die gesellschaftliche Sprengkraft und damit Konfliktträchtigkeit des neuen Wissens) und die Grundstruktur der Hauptfigur (Galileis Genussfähigkeit und sinnliche Art des Denkens, sein Glaube an die Vernunft trotz persönlicher Schwierigkeiten) erkennbar.

Entfaltung aller handlungstragenden Momente

KURZINFO

2. Bild

- Galilei inszeniert eine Komödie, indem er eine neue Erfindung für sich reklamiert.
- Diese Erfindung – das Fernrohr – dient sowohl dem Profit (es sichert Galilei eine Gehaltserhöhung zu) als auch der Entdeckung der Wahrheit.

Epigramm kündigt eine ‚Enthüllung' an

Diese neue Erfindung ist natürlich das Fernrohr. – Das Epigramm erinnert in seiner direkten Ansprache an die Zuschauer („Nun hört, und seid nicht grimm darob / Die Wahrheit übers Teleskop") an eine Moritat.

Äußerer Aufbau des Bildes: Haupt- und Staatsaktion

Schauplatz ist das große Arsenal der Republik Venedig, ihre legendären Schiffswerften und Waffenschmieden. Der Rat der Stadt, die Signoria, mit ihrem gewählten Ältesten, dem Dogen, ist erschienen. Galilei steht auf einem Podest in der Mitte, seine 15-jährige Tochter trägt, mit Galileis Freund Sagredo etwas abseits stehend, das Fernrohr in einem karmesinroten Lederfutteral. Alles macht den Eindruck einer Haupt- und Staatsaktion. Die Ansprache Galileis strotzt vor hohlem Pathos:

Unterwürfigkeit und mangelnde Wahrheitstreue Galileis

> „Mit tiefer Freude und aller schuldigen Demut kann ich Ihnen heute ein vollkommen neues Instrument vorführen und überreichen […]." (S. 23)

Ohne Skrupel unterwirft er sich den Mächtigen, um sein Gehalt zu erhöhen, und belügt sie zugleich, indem er ‚sein' Fernrohr anpreist.

Karikierendentlarvende Züge der Rede Priulis

Die folgende Rede Priulis entlarvt und karikiert die Profitsucht der Signoria. Jede Erwähnung der Vorzüge des Rohrs (Ruhmesblatt – Verkäuflichkeit – militärische Überlegenheit bewirkend) wird mit jeweils anschwellendem Beifall quittiert. Das Rohr wird dann von Virginia, Galileis Tochter, überreicht und zur gefälligen Besichtigung freigegeben.

Während die durch das Rohr schauenden Ratsherren meist platte Scherze äußern, berichtet Galilei Sagredo von astronomischen Beobachtungen, die er in der Nacht mit dem Fernrohr hat machen können. Dieser neue Zweck des Rohrs beschäftigt ihn innerlich so stark, dass er den ursprünglichen fast vergisst und die Zusage der Gehaltserhöhung durch Priuli kaum zur Kenntnis nimmt.

Ludovicos ‚Einsicht'

Ludovico, der ja weiß, dass Galilei mit der Überreichung des Rohrs eine Schmierenkomödie inszeniert hat, macht die Begegnung mit Galilei verlegen, ganz im Gegensatz zu diesem selbst. Ludovico glaubt, er verstünde jetzt etwas von Wissenschaft, da er ihren ökonomischen Nutzen kennengelernt hat. Dies ist aber, wie das Bild ‚enthüllt', nur deren eine Seite. So wie das Fernrohr sowohl dem Profit als auch der Entdeckung der Wahrheit dient, hat auch die Wissenschaft einen doppelten Charakter.

Zwei Seiten der Wissenschaft

KURZINFO

3. Bild

- Mithilfe des Fernrohrs entdeckt Galilei die Gleichartigkeit der Oberfläche von Mond und Erde: ein erster Schritt auf dem Weg zur Widerlegung des alten Weltbilds.
- Der zweite entscheidende Schritt geschieht mit der Entdeckung der Jupitermonde, die ihre Position ändern.
- Galilei widmet diese Entdeckung dem Großherzog von Florenz, indem er die Monde „Mediceische Gestirne" nennt.

Struktur des 3. Bildes

Das umfangreiche 3. Bild, im Kern ein Dialog zwischen Galilei und seinem Freund Sagredo, hat eine symmetrische Struktur. Im ersten Teil (S. 27–33) machen beide wissenschaftliche Entdeckungen und sprechen über deren Folgen, unterbrochen von dem Kurator Priuli (S. 29f.); im zweiten Teil (ab S. 34) geht es um die Vernunft des Menschen und die Folgen, die Galilei für sein weiteres Handeln zieht; unterbrochen wird das Gespräch hier durch den Auftritt von Frau Sarti und Virginia (S. 35–37).

Entdeckung der Gleichartigkeit von Mond und Erde

Galilei und Sagredo sitzen in dieser deutlich als historisch gekennzeichneten Nacht in Galileis Studierstube und beobachten den Nachthimmel. Die beiden können als Erste mit dem Fernrohr die Oberfläche des Mondes sehen. Ihre Beobachtungen lassen nur den Schluss zu: Der Mond ist kein leuchtender Stern, seine Oberfläche gleicht derjenigen der Erde.

Geschichtsträchtigkeit dieser Entdeckung

Diese Entdeckung der Gleichartigkeit von Erde und Mond widerspricht der traditionellen astronomisch-philosophischen Lehrmeinung, dass irdische und himmlische Materie von grundsätzlich anderer Art sein müssen. Sagredo äußert Furcht vor den theologischen Konsequenzen dieser Entdeckung. Anders Galilei, der ganz von der historischen Bedeutung durchdrungen ist: Als Sagredo ihn an das Schicksal Giordano Brunos erinnert, der erst zehn Jahre zuvor wegen ähnlicher Auffassungen von der Inquisition verbrannt worden ist, stellt er lapidar fest:

> „Gewiß. Und wir sehen es. Laß dein Auge am Rohr, Sagredo. Was du siehst, ist, daß es keinen Unterschied zwischen Himmel und Erde gibt. Heute ist der 10. Januar 1610. Die Menschheit trägt in ihr Journal ein: Himmel abgeschafft."
> (S. 28)

Priulis Auftritt

Der wütend hereinstürzende Priuli weiß jetzt, dass das Fernrohr, angeblich Resultat einer siebzehnjährigen Forschertätigkeit Galileis, bereits erfunden worden ist, da gerade im Hafen eine Ladung Fernrohre gelöscht wird. Priuli fühlt sich in seiner Ehre als aufrichtiger Geschäftsmann zutiefst verletzt, geht überhaupt nicht auf Galileis Versuche ein, ihm die wirtschaftlichen Perspektiven neuer astronomischer Entdeckungen schmackhaft zu machen, und verlässt Galileis Studierzimmer so wütend, wie er gekommen ist.

Galilei als erfolgreicher Hochstapler

Sein Auftritt bildet einen Kontrast zu dem Gespräch zwischen Galilei und Sagredo. Das Fernrohr, das als Mittel bahnbrechender Entdeckungen gezeigt wurde, ist für Priuli nur ein „famoses Ding, das man ebensogut wegwerfen" könne. Galilei quittiert den Auftritt des Kurators mit schallendem Gelächter, das auch seine Genugtuung verrät, es „diesen Filzen von der Signoria" (S. 31) gezeigt zu haben. Er fühlt sich angesichts seiner familiären Verpflichtungen und seiner sinnlichen und geistigen Bedürfnisse berechtigt, auch zu zweifelhaften Methoden zu greifen, um seine finanzielle Lage zu verbessern.

Logik des historischen Forschungsprozesses

Der Forschungsprozess auf der Bühne nimmt seinen Fortgang. Er entspricht exakt der Logik des historischen Forschungsprozesses, der schrittweisen Widerlegung des überlieferten Weltbildes mit den Methoden der modernen Naturwissenschaft. Wird eingangs dieses Bildes die Lehre des Aristoteles von der wesenhaften Verschiedenheit von Himmel und Erde widerlegt, so wird jetzt auch die Lehre des Ptolemäus von der Mittelpunkt-Stellung der Erde fragwürdig durch die Wahrnehmung einer bisher unvorstellbaren Fülle von Himmelskörpern. Einen entscheidenden Schritt zur Widerlegung dieser Lehre stellt die Entdeckung der Jupitermonde dar. Die Positionsänderungen dieser Trabanten des Planeten Jupiter, ja die Tatsache, dass sie zeitweise nur zum Teil sichtbar sind, lassen nur den Schluss zu, dass sie sich nicht um die Erde, wie nach Ptolemäus zwingend angenommen werden müsste, sondern um den Jupiter drehen.

Die Jupitermonde: Widerlegung der ptolemäischen Lehre

Forschungsprozess mithilfe der Methode des „vernünftigen Sehens"

Das 3. Bild zeigt die schon im 1. Bild vorgestellte Methode des „vernünftigen Sehens" in ihrer Anwendung im Forschungs- und Entdeckungsprozess: Es werden astronomische Phänomene beobachtet, die einer vernünftigen, ‚rationalen' Erklärung bedürfen. Diese erfolgt hier durch mathematische Berechnungen. In einer Szenenabblende bei geöffnetem Vorhang führen Sagredo und Galilei solche Berechnungen durch; die Projektion der Jupitertrabanten auf dem Rundhorizont begleitet diesen Vorgang symbolisch.

Galileis Euphorie – Sagredos Furcht

Galilei ist von seiner Entdeckung in begeisterte Erregung versetzt worden und möchte sofort den kleinen Andrea wecken, um ihm die Neuigkeit mitzuteilen. Sagredo hat jedoch auch das Brisante der jetzt bestätigten Wahrheit erkannt. Das neue Weltbild hat keinen Platz mehr für die Vorstellung eines außerhalb der menschlichen Seele wirklich existierenden göttlichen Wesens. Galilei geht nur unwirsch auf Sagredos insistierende Frage „Und wo ist dann Gott?" ein. Er versucht dieser Frage auszuweichen („Bin ich Theologe? Ich bin Mathematiker") und nimmt Zuflucht zu der Antwort des Giordano Bruno: „In uns oder nirgends", die Gott zu einer bloßen Vorstellung des Menschen macht.

Gott: eine bloße Vorstellung des Menschen?

Galileis Glaubensbekenntnis ist diesseitig:

Galileis Glaube an die Vernunft des Menschen

> „Ich glaube an den Menschen, und das heißt, ich glaube an seine Vernunft! Ohne diesen Glauben würde ich nicht die Kraft haben, am Morgen aus meinem Bett aufzustehen." (S. 34)

Er glaubt, dass die Macht der Vernunft, die zur Bewältigung des praktischen Lebens unentbehrlich ist, stärker ist als die Macht der Kirche, der Instanz des Glaubens:

> „Die Verführung, die von einem Beweis ausgeht, ist zu groß. Ihr erliegen die meisten, auf die Dauer alle. Das Denken gehört zu den größten Vergnügungen der menschlichen Rasse." (S. 35)

Sagredos Zweifel

Sagredo vermag diese Auffassung nicht zu teilen; er verweist auf das abergläubische Verhalten vieler Menschen. Damit ist unversehens und doch zwangsläufig die Frage nach der Vernünftigkeit des Menschen aufgeworfen. Frau Sarti beweist solche Vernunft in lebenspraktischen Zusammenhängen. Durch den lautstarken Wortwechsel herbeigerufen, soll sie eine ‚astronomische' Frage beantworten:

> „Ist es anzunehmen, daß das Große sich um das Kleine dreht, oder dreht wohl das Kleine sich um das Große?" (S. 35)

Frau Sartis praktische Vernunft

Ihre Antwort ist, dass sie selber, die gegen Bezahlung arbeiten muss, die Wünsche ihres Herrn erfüllen muss und nicht umgekehrt. Frau Sartis Vernunft bemisst himmlische (wissenschaftliche) und irdische (gesellschaftliche) Verhältnisse nach dem gleichen Maß alltäglicher Erfahrung.

Virginia, die ‚nicht-intelligente' Tochter Galileis

Virginia, die Tochter Galileis, die zur Frühmesse gehen will, wird jedoch von ihrem Vater auf keine Vernunftprobe gestellt. Er behandelt sie sehr abweisend und beantwortet ihre Fragen mit einer geradezu verletzenden Knappheit (S. 36):

VIRGINIA Wie war die Nacht, Vater?
GALILEI Hell.

Galilei will an den Florentiner Hof

Das Einzige, was er ihr mitteilt, ist sein Anstellungsgesuch beim Großherzog der Toskana in Florenz. Diesen Entschluss begründet er Sagredo gegenüber damit, dass er Muße brauche, um weitere Beweise zu finden, und dass er die „Fleischtöpfe" wolle. Sagredo soll Galileis Bittgesuch an den Großherzog begutachten; Galilei sorgt sich, er könne durch mangelnde Unterwürfigkeit sein Ziel verfehlen. Sagredos vernünftige Vorhaltungen, er gehe sehenden Auges in sein Verderben, denn in Florenz seien die Mönche mächtig und der Papst werde die Grundlage seiner Macht, die Existenz des Himmels, nicht ohne Gegenwehr von Galilei zerstören lassen, stoßen bei ihm auf taube Ohren: „Wenn sie mich nehmen, gehe ich." (S. 39)

Sagredos Angst um Galileis Schicksal

Galilei stellt sich in den Dienst reaktionärer Kräfte

Zum Abschluss des Bildes wird der authentische Text von Galileis Brief an den Großherzog auf den Vorhang projiziert. Galilei hat nicht nur die neuen Entdeckungen dem Großherzog gewidmet und nach dem Mediceischen Geschlecht benannt, er macht auch in seinem Schreiben den erst neunjährigen Großherzog geradezu zur „aufgehenden Sonne, welche dieses Zeitalter erhellen wird" (S. 39). Eben noch Entdecker einer revolutionären Wahrheit, will er sich materieller Vorteile wegen in den Dienst reaktionärer Kräfte stellen, jedenfalls erklärt er dies. Mit diesem Verhalten provoziert Galilei den Konflikt zwischen Wissen und Macht, den er in seinem blinden Glauben an die Vernunft meint verhindern zu können.

Galilei provoziert Konflikt zwischen Wissen und Macht

KURZINFO

4. Bild

- Der unvereinbare Gegensatz zwischen altem und neuem Weltbild tritt offen zutage.
- Galilei wird von den Florentiner Hofgelehrten des Betrugs bezichtigt.

Unvereinbarer Gegensatz des Alten und des Neuen

Galileis Bittgesuch hatte Erfolg. Das 4. Bild spielt in seinem Florentiner Haus. Der bevorstehende Konflikt wird durch das zweizeilige Epigramm angedeutet:

> „Das Alte sagt: So wie ich bin, bin ich seit je.
> Das Neue sagt: Bist du nicht gut, dann geh."

„Das Alte" und „Das Neue" stehen für grundsätzlich unvereinbare Weltsichten des Menschen. „Das Alte" ist ein Denken, das bei sich selber bleibt und sich bloß auf seine Tradition beruft; „Das Neue" gewinnt Konturen nur in der Auseinandersetzung mit dem Alten. Es fordert von ihm, seine Brauchbarkeit und damit seine Daseinsberechtigung unter Beweis zu stellen.

Bevorstehende Visite des Hofes bei Galilei

Zu Beginn sehen wir Frau Sarti, die eine Blamage für die bevorstehende Visite des Hofes bei Galilei befürchtet. Sie könne sich nicht vorstellen, sagt sie, dass Galileis Wissen größeren Wert habe als das Wissen der geistlichen Herren mit ihren unzähligen Büchern. Ihre derb-komische, respektlose Charakterisierung dieser Herren lässt jedoch vermuten, dass sie eher von der Macht der geistlichen Herren als vom Wert ihres Wissens überzeugt ist.

Symbolisch-parodistischer Charakter des Streits der beiden Knaben

Der neunjährige Großherzog erscheint in Begleitung zweier Hofdamen und eines alten Hofmarschalls. Während die Begleiter im unteren Raum bleiben, läuft der kleine Cosmo zu Andrea nach oben. Die Begegnung der beiden Knaben gestaltet Brecht zu einem parodistischen Spiegelbild der ‚Welt der Großen'. Andrea imitiert seinen Lehrer, er demonstriert dem kleinen Großherzog die beiden Weltsysteme an zwei Holzmodellen. Cosmo ist nur mäßig interessiert und sieht in den Modellen ein Spielzeug, das er nicht wieder hergeben möchte. Es entsteht eine handfeste Rauferei, bei der das ptolemäische System zerbricht. Die symbolischen Züge dieser Szene finden wenig später eine Ergänzung, als der Theologe das zerbrochene Modell sieht und sagt: „Hier scheint etwas entzweigegangen." (S. 44)

Der Kampf der Jungen wird beendet durch das Erscheinen Galileis in Begleitung der Hofgelehrten und des Linsenschleifers Federzoni. Aus den Gesprächen der in den oberen Raum hinaufsteigenden Herren ist zu entnehmen, dass in der Stadt eine Epidemie ausgebrochen ist, die die Gelehrten nicht als Pest anerkennen wollen.
In knappen Worten erläutert Galilei die wissenschaftliche Fragwürdigkeit des ptolemäischen Weltbildes und bittet dann den Philosophen, den Mathematiker und den Theologen, sich von der Existenz der Mediceischen Gestirne zu überzeugen. Statt durch das Fernrohr zu schauen, möchten die Herren Gelehrten erst einmal über die Frage disputieren, ob solche Sterne überhaupt möglich oder nötig sind. Die Hofgelehrten erscheinen in ihrem zeremoniellen Gehabe und ihrer prätentiösen Sprechweise als überzeichnete Vertreter eines ‚Wissens', dem als Grund und Beweis nicht die rationale Erklärung beobachtbarer Naturerscheinungen gilt, sondern der glanzvolle, möglichst lateinische Vortrag eines passenden Arguments des ‚göttlichen' Aristoteles. Der Mathematiker bezichtigt sogar Galilei, wenn auch mit der vornehmen Zurückhaltung des Hofbeamten, des Betrugs:

Der Wissenschaftsbegriff der Hofgelehrten

> „Wenn man sicher wäre, daß Sie sich nicht noch mehr erregten, könnte man sagen, daß, was in Ihrem Rohr ist und was am Himmel ist, zweierlei sein kann." (S. 46)

Dies entbehrt von ihrer Perspektive her nicht einer gewissen Logik. Wenn die Wahrheit in den Argumenten des Aristoteles begründet liegt, das Fernrohr aber diesen ‚Tatsachen' widerspricht, dann kann eben das Rohr den Himmel nicht so zeigen, wie er in Wahrheit ist.
Gemessen an den Wahrheitskriterien Galileis jedoch ist Andrea im Recht, die Hofgelehrten als „dumm" zu bezeichnen. Deren Borniertheit ist in der Tat mehr als deutlich, wenn der Philosoph die zutreffende Feststellung Galileis, Aristoteles habe kein Fernrohr gehabt, als ein „In-den-Kot-Ziehen" einer anerkannten Autorität bewertet.

Keine Verständigung zwischen den Vertretern der alten und neuen Wahrheit

Das Bild zeigt, dass es trotz verzweifelter und devoter Bemühungen Galileis keine Annäherung der Standpunkte Galileis und jener Vertreter der orthodoxen Gelehrtenwelt geben kann. Gerade weil Galilei an den historischen Charakter der Wahrheit und an deren Kraft

zur Veränderung der Wirklichkeit glaubt, können und wollen sich seine Kontrahenten dieser Wahrheit nicht öffnen: „Herr Galilei, die Wahrheit mag uns zu allem möglichen führen!“ (S. 49)
Beim eiligen, grußlosen Abgehen der Hofgesellschaft erfährt Galilei vom Hofmarschall, dass seine ‚Behauptungen‘ von einer Autorität, dem Päpstlichen Astronomen Pater Christopher Clavius, überprüft werden sollen. Die sanfte Gewalt der Beweise kann keine Wirkung entfalten, wenn man die Beweise nicht zur Kenntnis nehmen will.

KURZINFO

5. Bild

- In Florenz bricht die Pest aus.
- Galilei setzt unbeirrt seine Forschungen fort.
- Mit der Entdeckung der Phasen des Planeten Venus findet er einen weiteren Beweis für die Richtigkeit der kopernikanischen Lehre.

Am frühen Morgen betritt Virginia das Arbeitszimmer ihres Vaters in Florenz und berichtet, dass in der Stadt die Pest ausgebrochen sei. Die herbeigeeilte Frau Sarti will sofort packen, bleibt aber von Angst gelähmt sitzen. Galilei rafft eilig seine Papiere zusammen; ein Lakai des Großherzogs bietet eine Kutsche zur Flucht an. Doch Galilei kommen Zweifel, ob er die Stadt verlassen soll, da er seine Forschungen noch nicht abgeschlossen hat. Schließlich nötigt er Frau Sarti und die Kinder, der schon abfahrenden Kutsche nachzueilen, und verspricht, bald nachzukommen. Aber auch Frau Sarti fährt nicht mit, sie kommt zurück; denn wer soll sonst Galilei das Essen hinstellen? Galilei geht für seine Forschungen ein hohes Risiko ein. Frau Sarti geht dasselbe Risiko aus ihrer persönlichen Verbundenheit mit Galilei ein.

Galileis Mut: Sorge um seine Arbeit

Frau Sartis Mut: Sorge um Galilei

Drei Tage später: Galilei ist vor das Haus getreten, da er Frau Sarti vermisst. Vorübergehende können ihm keine Auskunft erteilen, nur die Nachbarin berichtet aufgebracht, Frau Sarti sei krank zusammengebrochen. Soldaten sperren die Straße rigoros ab, sodass Galilei und die anderen Bewohner ihre Häuser nicht mehr verlassen können. Auch die Nachbarin, die den Soldaten aus Angst von den Pestfällen in der Straße berichtet hat, ist jetzt

Galileis Suche nach Frau Sarti

Grund für Frau Sartis Flucht

eingeschlossen und bricht in verzweifeltes Schluchzen aus.
Von einer alten Frau erfährt Galilei, dass Frau Sarti durch ihre Flucht dies Einschließen der anderen hat verhindern wollen. Jenseits der Absperrung steht plötzlich Andrea mit verweintem Gesicht; er ist zu Fuß zurückgelaufen und hat vom Schicksal seiner Mutter erfahren. Galilei erzählt Andrea von den Phasen der Venus, die er inzwischen entdeckt hat. Auch dieser ‚Stern' ähnelt der Erde – ein weiterer Beweis für die Wahrheit der kopernikanischen Lehre. Aber das erneute Schluchzen des Jungen löst in Galilei Schuldgefühle wegen des Schicksals von Frau Sarti aus. Gegen Ende des Bildes bringen vermummte Männer den Eingeschlossenen Brot, und Galilei bittet die Männer, beim nächsten Mal ein Buch für ihn mitzubringen, das Andrea besorgen will.

Galileis Charakterstärke und geistiger Hunger

Galilei wird im 5. Bild als mutiger und verantwortungsvoller Mensch gezeigt; selbst in gefährdeter Lage ist sein geistiger Hunger stärker als sein körperlicher.

KURZINFO

6. Bild

- Die von Galilei vorgelegten empirischen Beweise stehen im Widerspruch zur Bibelwahrheit, nach der die Erde und der Mensch im Mittelpunkt des Kosmos stehen.
- So braut sich weiteres Unheil zusammen.

Schauplatz ist ein Saal des Collegium Romanum in Rom. Das Epigramm weist auf das Unübliche des Vorgangs hin. Dabei weiß der Zuschauer, dass das von der Welt nicht oft gesehene Lernen selbst des Lehrers der Haltung Galileis gegenüber dem Wissen entspricht.

Einstellung der Geistlichkeit zur Wissenschaft

Geistliche verschiedenster Art und der von den anderen fast unbemerkte Galilei warten auf das Ergebnis der Untersuchungen des berühmten Astronomen Pater Clavius. Mit dröhnendem Gelächter macht man sich über die Dummheit jener lustig, die zwar glauben, die Erde drehe sich um die Sonne, die jedoch die Existenz des Teufels bezweifeln. Der Vorwurf der Dummheit, ja des ‚Schwindels', der ‚doppelsinnig' gegen Galilei erhoben wird, fällt unmittelbar auf zwei Astronomen zurück, die in ein Gespräch vertieft hereinkommen. Seit Jahrzehn-

ten sind ihnen Himmelsphänomene bekannt, die dem ptolemäischen Weltbild widersprechen, die sie sich aber gerade deshalb zu untersuchen weigern.
Ein sehr dünner, fanatisch-asketischer Mönch spielt das empirisch gewonnene Wissen Galileis gegen die (Buchstaben-)Wahrheit der Bibel aus, wo zu lesen steht: „Sonne, stehe still zu Gibeon und Mond im Tale Ajalon." Ja, er nimmt schon die darwinsche Evolutionstheorie vorweg, wenn er prophezeit:

Empirische Wahrheit im Gegensatz zur Bibelwahrheit

> „Wir werden den Tag erleben, wo sie sagen: Es gibt auch nicht Mensch und Tier, der Mensch selber ist ein Tier, es gibt nur Tiere." (S. 61)

Ein sehr alter Kardinal schließlich erklärt mit der ganzen Arroganz der (kirchlichen) Macht Galilei zu einem Feind des Menschengeschlechts und droht ihm mit dem Scheiterhaufen, weil er den Menschen aus dem Zentrum des Kosmos entfernen wolle. Stolz auf und ab schreitend verkündet er die unumstößliche Wahrheit des alten Weltbildes. Aber als er die selbstherrliche Konsequenz zieht: „So kommt sichtbar und unwiderleglich alles an auf mich, den Menschen, die Anstrengung Gottes, das Geschöpf in der Mitte, das Ebenbild Gottes, unvergänglich und ..." (S. 62), sinkt er erschöpft zusammen.

Widerspruch zwischen Rede und Geschehen

Das Bild findet einen für die Geistlichen verstörenden Ausgang. Pater Clavius bestätigt Galileis Entdeckungen, wenn auch sehr leise. Ein kleiner Mönch aus der Untersuchungskommission teilt Galilei mit:

> „Pater Clavius sagte, bevor er wegging: Jetzt können die Theologen sehen, wie sie die Himmelskreise wieder einrenken! Sie haben gesiegt." (S. 63)

Der Sieg muss jedoch zweifelhaft bleiben; wird das ‚letzte Wort' nicht doch dem Inquisitor gehören, so wie ihm hier der letzte Auftritt vorbehalten bleibt?

Galileis (zweifelhafter) Sieg

KURZINFO

7. Bild

- Das neue Weltbild bedroht die Machtposition der Kirche.
- Trotz der Tatsache, dass die kopernikanische Lehre von der Inquisition auf den Index gesetzt wird, hält Galilei an seiner Überzeugung fest.

7. Bild als scharfer Kontrast zum 6. Bild

Der Übergang vom 6. zum 7. Bild verdeutlicht schon im engen Bezug der beiden Szenen-Titel – es handelt sich um einen einzigen Satz – das Bauprinzip des szenischen Kontrasts. Unmittelbar nach der Anerkennung Galileis durch das Collegium Romanum werden die Umstände der Indizierung der Lehre des Kopernikus gezeigt.

Strategie der kirchlichen Institutionen gegenüber Galilei

Das Epigramm verrät etwas von der Strategie der kirchlichen Institutionen, die, fürs Erste noch, den berühmten Mann eher durch Ehrungen und Entgegenkommen für sich einnehmen wollen, jedoch ihr „klein Wünschelein“ nicht aus den Augen verlieren.

Das 7. Bild führt in den Palast des Kardinals Bellarmin, wo zum ersten Mal seit den Pestjahren wieder ein prunkvoller Fastnachtsball veranstaltet wird, auf dem Galilei, der nun berühmte Mann, mit seiner Tochter Virginia und deren Verlobten, Ludovico Marsili, als Gast erscheint. Während das junge Paar zum Tanz in den Ballsaal geht, unterhält sich Galilei mit den beiden Sekretären, die im Vorraum beim Schachspiel sitzen und sich unauffällig Notizen über die Gäste machen. Er erklärt ihnen eine neue raumgreifende Weise des Spiels, die sie jedoch mit dem ironischen Hinweis auf die Kargheit ihrer Gehälter zurückweisen.

Konfliktgeladene Atmosphäre

Der bald aufbrechende Konflikt zwischen Galilei und der kirchlichen Macht wird bereits in der Atmosphäre des Bildes angedeutet. Galileis Erfolg ist offenkundig, selbst der alte Kardinal aus dem 6. Bild grüßt ihn jetzt höflich; aber im Ballsaal wird das Gedicht Lorenzo de Medicis über die Vergänglichkeit vorgetragen.

‚Doppelgesichtigkeit‘ der beiden Kardinäle

Galilei wird von den Kardinälen Bellarmin und Barberini als Freund begrüßt. Die beiden geistlichen Herren verbergen nicht nur ihr wahres Gesicht durch Masken von Lamm und Taube, sondern auch ihre wahren Absichten durch einen scherzhaft-galanten Plauderton.

Der Wettstreit mit Bibel-Zitaten

Barberini und Galilei liefern sich einen kurzen ‚Zweikampf‘ mit Bibel-Zitaten. Offenbar lassen sich mit der Bibel ganz unterschiedliche Auffassungen, auch ein Gebot vernünftigen Forschens, begründen. Durch einen Kunstgriff lässt Brecht keinen Zweifel daran, dass in diesem Streit das ‚historische Recht‘ auf Seiten Galileis liegt. Während er Galilei originale Bibel-Zitate verwenden lässt, legt er Barberini Sentenzen in den Mund, die zwar an Bibel-Zitate erinnern, jedoch nicht authentisch sind. Als Galilei auf einem ernsthaften Disput besteht, gewinnt das Gespräch deutlich an Schärfe. Während Galilei seinen Glauben an die Vernunft betont, der auch einen vernünftigen Schöpfungsplan Gottes einschließt, mag Bellarmin daran nicht glauben. In Wahrheit brauche man diesen Plan Gottes doch nur, um der unvermeidlichen Unvernunft und Gemeinheit der Welt ein wenig Sinn zu verleihen.

Galileis Glaube an die Vernunft

Sichtbar wird der zynische Machtanspruch der Kirche, nach eigenem Belieben über Qualität und Funktion der göttlichen Wahrheit entscheiden zu können:

Zynischer Machtanspruch der Kirche auf Wahrheit

> „Aber wie die Bibel aufzufassen ist, darüber haben schließlich die Theologen der Heiligen Kirche zu befinden, nicht?" (S. 69)

Das gleichberechtigte Gespräch unter Wissenschaftlern ist beendet. Galilei wird offiziell vermahnt, die kopernikanische Lehre, die nun durch seine Forschungen bewiesen ist, als ‚absurd und ketzerisch im Glauben' aufzugeben. Einerseits wird der amtliche Charakter dieser Vermahnung unterstrichen – ein Sekretär protokolliert und wiederholt danach noch einmal die Worte Bellarmins –, andererseits wird dem sprachlosen Galilei zu verstehen gegeben, er könne durchaus weiter seinen Forschungen nachgehen, solange er die Wahrheit in die Maske einer bloßen Hypothese kleide. Man möchte offenbar auch weiterhin das Ansehen des berühmten Wissenschaftlers für die Zwecke der Kirche nutzbar machen. „Wir brauchen Sie, mehr als Sie uns", sagt Barberini, als man Galilei in den Ballsaal führt.

Verbot, die kopernikanische Lehre zu verbreiten

Wahrheit darf nur ‚maskiert' erscheinen

Am Schluss des Bildes steht wieder der Auftritt des Inquisitors. Er lässt sich die heimlichen Aufzeichnungen der Sekretäre zeigen und wendet sich dann Virginia zu, die auf der Suche nach ihrem Vater hereingekommen ist. Er beglückwünscht sie zu ihrer Verlobung; amüsiert stellt er fest, dass sie gar nichts von Astronomie versteht. In galantem Plauderton erläutert er ihr die Weitläufigkeit des neuen Weltbildes. Dabei deutet er auch mit zynischer Offenheit an, warum die kopernikanische Lehre für ketzerisch im Glauben befunden worden ist. Die Herren des Heiligen Offiziums hätten befürchtet, „auf so ungeheuren Strecken könnte ein Prälat und sogar ein Kardinal leicht verlorengehen. Selbst ein Papst könnte vom Allmächtigen da aus den Augen verloren werden." (S. 72)

Das neue Weltbild bedroht Machtanspruch der Kirche

Versteckte Drohungen gegen Galilei

Seine Aufforderung an Virginia, sich um ihren Vater zu kümmern, lässt für Galilei bedrohliche Untertöne anklingen:

> „Niemand unter den Sterblichen ist ja so groß, daß er nicht in ein Gebet eingeschlossen werden könnte." (S. 73)

Wahre Natur des Konflikts

Ohnmacht vernünftiger Beweise gegenüber dem Machtanspruch der Kirche

Das 7. Bild entlarvt in seinem Kontrast zum 6. Bild den wahren Charakter der Auseinandersetzung zwischen dem neuen, wissenschaftlich beweisbaren und dem traditionellen, religiös geprägten Weltbild. Die geistlichen Herren erscheinen hier nicht als eifernde Vertreter einer religiösen Heilswahrheit, sondern als leidenschaftslose und zynische Vertreter des universalen Machtanspruchs der Institution Kirche. Galileis Vertrauen in die Macht vernünftiger Beweise erweist sich als Illusion angesichts einer Vernunft, die sich ausschließlich in den Dienst der Aufrechterhaltung überkommener Machtverhältnisse stellt.

KURZINFO

8. Bild

- Der Mönch Fulganzio, ein „Anwalt der Armen", argumentiert für die Indizierung, weil seiner Ansicht nach die kopernikanische Lehre dadurch, dass sie die bislang herrschende göttliche Weltordnung widerlegt, dem Leiden der Armen seine Bedeutung nehme.
- Galilei lässt sich nicht auf diese Argumentation ein. Wissenschaft sei – wie die Kunst – nicht ohne die Freiheit, die ganze Wahrheit zu sagen, möglich.

Reflexionscharakter des Bildes

Das Bild spielt im Palast des florentinischen Gesandten in Rom kurz nach der Verkündigung des Edikts gegen die kopernikanische Lehre. Der Reflexionscharakter des Bildes ist unverkennbar; das Gespräch zwischen Galilei und dem kleinen Mönch Fulganzio wirft Fragen von grundsätzlicher Bedeutung auf.

Fulganzio – ein Repräsentant der Kirche?

Das Epigramm stellt die niedere soziale Herkunft Fulganzios („war eines armen Bauern Kind") und seine große Wissbegier heraus, lässt ihn so als Kontrastfigur zu den Kardinälen des 7. Bildes erscheinen. Galilei begegnet ihm zuerst mit bitterer Ironie:

> „Reden Sie, reden Sie! Das Gewand, das Sie tragen, gibt Ihnen das Recht zu sagen, was immer Sie wollen!" (S. 74)

Aber der kleine Mönch ist, so zeigt sich bald, kein zynischer Vertreter der kirchlichen Macht, er macht ganz andere Gründe zugunsten des Dekrets geltend. In schlichten, aufrichtigen Worten spricht er von den Menschen seiner bäuerlichen Heimat. Das jämmerliche Leben dieser Menschen könne doch nur einen Sinn erhalten, wenn sie sicher sein könnten, dass sie trotz aller Leiden und Entbehrungen eine bedeutsame Rolle im göttlichen Schöpfungsplan spielen. Wenn die neue Lehre aber die Erde aus der Mitte des Kosmos an den Rand rücke, widerlege sie die göttliche Weltordnung und nehme damit dem Leiden der Armen seine Bedeutung:

Fulganzios Verteidigung des Dekrets

> „Kein Sinn liegt in unserm Elend, Hunger ist eben Nichtgegessenhaben, keine Kraftprobe; Anstrengung ist eben Sichbücken und Schleppen, kein Verdienst." (S. 76)

Die ‚Weisheit des Dekrets' erhalte den Armen nicht nur den Sinn ihres Lebens, sondern auch den Sinn ihrer Tugendhaftigkeit.

Galilei fühlt sich durch diese Deutung herausgefordert. Für ihn ist die Armut der Bauern nichts Unabänderliches, sondern die Folge der Machtpolitik der Kurie, die ihre Kriege aus der Arbeitsleistung der Bauern finanziert. Auch Tugenden seien nicht an Elend gebunden. Galilei wendet sich schroff gegen die rückwärts gewandte Utopie einer natürlichen, bäuerlichen Gesellschaft, die noch im Einklang mit ihren überlieferten Werten lebt. Der Wert menschlichen Lebens bemisst sich für ihn einzig nach seinen materiellen Möglichkeiten. Die Konsequenz, die er daraus zieht, ist eindeutig: Sollte er die Wahrheit verschweigen, dann würde er dies nicht aus einer höheren Weisheit heraus tun, sondern nur aus egoistischen Beweggründen.

Galileis Ablehnung der Utopie vom einfachen Leben

Galileis Konsequenz: Schweigen nur aus egoistischen Motiven

Galileis weitere Argumente richten sich an den Physiker in seinem Gesprächspartner. Er weist den kleinen Mönch auf eine im Garten stehende Statue des Priap, eines antiken Fruchtbarkeitsgottes, hin und zitiert den Anfang der achten Satire des römischen Dichters Horaz, in der ein solcher Priap aus Holz zu Wort kommt. Durch dieses Beispiel verdeutlicht er den ‚Schönheitssinn' des Physikers. Ebensowenig wie in einem Gedicht ein Wort durch ein anderes ersetzt werden kann, ohne den Wert des Kunstwerks zu zerstören, kann der Wissenschaftler

Wahrheit lässt sich nicht teilen

einfach auf Teile seines Wissens verzichten. Beides, Kunst und Wissenschaft, ist nicht ohne die Freiheit, die ganze Wahrheit zu sagen, möglich.

Wissenschaft als Lust und als Laster

Der Schluss des Bildes führt eindringlich die Faszination des neuen Wissens vor Augen. Der kleine Mönch, der eben noch dem Verbot des Wissens aus religiösen Gründen Weisheit zusprechen wollte, vertieft sich begierig in Galileis neue Schrift über die Ursache von Ebbe und Flut, seine Umwelt ganz vergessend. Dieses unbedingte Wissenwollen wird von Galilei jetzt auch kritisch kommentiert:

> „Und das Schlimmste: was ich weiß, muß ich weitersagen.
> Wie ein Liebender, wie ein Betrunkener, wie ein Verräter.
> Es ist ganz und gar ein Laster und führt ins Unglück." (S. 79)

Scheinbar widersprüchliche Aussagen über die Wahrheit

Dieser Schluss mag den Zuschauer befremden. Wie kann das Aussprechen der Wahrheit ein Laster sein, wenn doch das Verschweigen der Wahrheit nach Galileis Meinung feige und niedrig ist? Und hat er nicht nachdrücklich die Verantwortung des Wissenschaftlers unterstrichen: „Es setzt sich nur so viel Wahrheit durch, als wir durchsetzen" (S. 78)?

KURZINFO

9. Bild

- Galilei glaubt, dass mit der Ernennung des Mathematikers Kardinal Barberini zum Papst eine neue Zeit anbrechen werde.
- Er formuliert ein rigoroses Forschungsprogramm zur Absicherung der neuen Wahrheit gegen jede Anfechtung.
- Galileis Verhalten nimmt fast zwanghafte Züge an und zerstört so das Glück seiner Tochter.

Galilei hat geschwiegen

Schauplatz des Bildes ist wieder Galileis Haus in Florenz. Die Verse des Epigramms in ihrem naiv-berichtenden Ton verschweigen die Gründe für Galileis achtjähriges Schweigen. Die Gründe mag der Zuschauer, der noch die Erörterungen des 8. Bildes im Ohr hat, erraten.

Vorbereitung einer experimentellen Vorlesung

Galilei und seine Schüler (Federzoni, der kleine Mönch, der nun erwachsene Andrea) sind zu einer experimentellen Vorlesung versammelt, während Virginia und Frau Sarti Brautwäsche nähen. Filippo Mutius erscheint, ein ehemaliger Schüler Galileis. Er möchte sich für ein Buch rechtfertigen, in dem er die kopernikanische Lehre kritisiert hat. Galilei jedoch wirft ihn aufgebracht hinaus:

> „Ich sage Ihnen: Wer die Wahrheit nicht weiß, der ist bloß ein Dummkopf. Aber wer sie weiß und sie eine Lüge nennt, der ist ein Verbrecher!" (S. 81)

Virginias Hoffnung auf privates Glück

Das Gespräch Frau Sartis mit Virginia kreist um die bevorstehende Hochzeit Virginias. Sie hat sich ein Horoskop erstellen lassen, nach dessen Ergebnis Frau Sarti sich angelegentlich erkundigt.
Rektor Gaffone bringt Galilei ein neues, sehr zum Ärger Federzonis in Latein geschriebenes Buch über Sonnenflecken. Die Gelehrtenwelt des Auslands – dies wird aus dem Gespräch der Schüler deutlich – wartet begierig auf die Stellungnahme des berühmten Galilei zu diesem neuen astronomischen Problem. Dieser jedoch schweigt beharrlich und antwortet, als Federzoni ihm vorwirft, er könne sich dieses Schweigen nicht mehr länger leisten:

Galilei schweigt aus Furcht

> „Ich kann es mir auch nicht leisten, daß man mich über einem Holzfeuer röstet wie einen Schinken." (S. 84)

Galileis Untersuchungsmethode am Beispiel der schwimmenden Körper

Noch einmal führt das Bühnengeschehen die neue Methode des „vernünftigen Sehens" vor Augen, diesmal an einem Beispiel aus der Physik. Aristoteles' klassische Lehrmeinung (Eis schwimmt nicht, weil es das Wasser nicht zu zerteilen vermag) wird durch ein Experiment überprüft und widerlegt. Dieser Befund verlangt eine neue Hypothese (Eis ist nicht verdichtetes, sondern verdünntes Wasser), die auf einer anderen Grundannahme beruht: „Alles, was leichter ist, als Wasser ist, schwimmt, und alles, was schwerer ist, sinkt." (S. 85) Galileis Forschungsprogramm ist bescheiden in seiner Aufgabenstellung, aber unerbittlich in seinem Verlangen nach Genauigkeit.
Ludovico Marsili, der Verlobte Virginias, erscheint auf der Durchreise mit Bedienten und großem Gepäck. Galilei bewirtet ihn zwar mit Wein, weicht aber Fragen nach seiner Arbeit aus. Beiläufig berichtet Ludovico, dass der Papst im Sterben liege und Kardinal Barberini, der Mathematiker, als Nachfolger genannt werde. Sofort glaubt Galilei, dass nun das Zeitalter der Wissenschaften auch in Italien beginnen werde, und die Schüler bereiten fieberhaft die Versuchsanordnung zur Beobachtung der Sonnenflecken vor.

Anbruch der neuen Zeit?

Bruch mit Ludovico, dem Vertreter der reaktionären Gutsherrenkaste

Währenddessen eskalieren die Spannungen zwischen Galilei und Ludovico. Der Vertreter der grundbesitzenden Gesellschaftsschicht, Marsili, glaubt es sich nicht leisten zu können, mit der Tochter eines Ketzers, der zudem noch ein Aufrührer ist, verheiratet zu sein. Offen droht er mit der Macht seiner Standesgenossen. Gegen deren Interessen werde auch ein Wissenschaftler auf dem Papstthron es nicht wagen können, ein Zeitalter der Vernunft anbrechen zu lassen.
Frau Sarti versucht verzweifelt, das Glück Virginias zu retten, indem sie auf Galilei wie auf einen von einer unheilbaren Leidenschaft besessenen Menschen einredet. Aber der Bruch ist unvermeidlich. Mit eisiger Höflichkeit verabschiedet sich Ludovico, ohne seine ‚Verlobte' noch einmal gesprochen zu haben, von höhnischen Grüßen der Schüler an seine Standesgenossen begleitet.

Galileis Forschungsprogramm

Galilei formuliert ein rigoroses Forschungsprogramm. Die nun zu verkündende neue Wahrheit soll gegen jeden denkbaren Zweifel abgesichert werden. Als das Abbild der Sonne auf dem aufgespannten Schirm erscheint, stürzt Virginia, die für Ludovico ihr Brautkleid angelegt hat, herein und wird ohnmächtig, als sie feststellen muss, dass ihr Verlobter sich abgewandt hat. Galileis letzte Worte sind: „Ich muß es wissen." Galilei hat das ‚Glück' seiner Tochter zerstört auf die bloße Hoffnung hin, mit dem neuen Papst werde das Zeitalter der Vernunft seinen Anfang nehmen.

Das zerstörte Glück Virginias

Der zwiespältige Charakter von Galileis Leidenschaft zu forschen

Dem widersprüchlichen Charakter, den Galilei im 8. Bild dem Sagen der Wahrheit beigelegt hat, entspricht sein zwiespältiges Verhalten im 9. Bild: Galileis Forschen ist zugleich Parteinahme gegen die Kräfte der Reaktion und Ausdruck einer fast zwanghaften Leidenschaft für das neue Wissen.

KURZINFO

10. Bild

- Ein Schaustellerpaar trägt eine Ballade zur großen Weltordnung der Theologen vor, in der die Mittelpunktstellung der Erde ein göttliches Schöpfungsprinzip zum Ausdruck bringe.
- Das Prinzip der göttlichen Schöpfung und Bestimmung des Kosmos spiegele sich in der Ordnung der Gesellschaft.
- Auf diesem Hintergrund erscheint Galilei nun als Revolutionär.

Ein heruntergekommenes Schaustellerpaar mit zwei kleinen Kindern kommt irgendwo in Oberitalien auf einen Marktplatz und trägt eine Ballade vor: „Die erschröckliche Lehre und Meinung des Herrn Hofphysikers Galileo Galilei oder Ein Vorgeschmack der Zukunft".

Vortrag einer Ballade

Im 1. Teil stellt der Sänger die „Große Ordnung" der Theologen vor. In der Mittelstellung der Erde komme ein göttliches Schöpfungsprinzip zum Ausdruck, das seine Entsprechung im gesellschaftlichen Bereich, im Kreisen der Niederen um die Höheren habe. Der 2. Teil der Ballade, der aus vier Strophen mit fast identischem Refrain besteht, ist der neuen Lehre und ihren Konsequenzen gewidmet. Die erste Strophe stellt Galilei als einen Revolutionär der Weltordnung dar. Die anderen Strophen schildern die – ausschließlich gesellschaftlichen – Folgen dieser Umwälzung. (Die kleinen Leute kündigen den Großen den Dienst auf usw.)

Die „Große Weltordnung" der Theologen

Wissenschaftliche und soziale Konsequenzen der Lehre

Im Anschluss an die Ballade werden Galileis astronomische Thesen durch eine grotesk anmutende Pantomime dargestellt. In einem Fastnachtszug erscheint der Großherzog als lächerliche Figur, Galilei jedoch als überlebensgroße Puppe in der Pose des Bibelzertrümmerers. Die bizarre Szenerie verdeutlicht die geschichtliche Bedeutsamkeit Galileis im Verhältnis zu seinen geistlichen und weltlichen Widersachern.

KURZINFO

11. Bild

- Galilei wird festgenommen und nach Rom gebracht.
- Er leugnet die gesellschaftlichen Folgen seiner Lehre.

Das nur aus zwei Versen bestehende Epigramm stellt eine versteckte Aufforderung an den Zuschauer dar, das Geschehen des 10. und 11. Bildes miteinander zu vergleichen. Dem lärmenden Treiben des Volkes steht die abweisende Atmosphäre des Hofes gegenüber. Schauplatz ist das Vorzimmer des großherzoglichen Palastes in Florenz. Der mittlerweile 69-jährige Galilei wartet mit seiner Tochter auf eine Audienz beim Großherzog, dem er sein Buch *Dialog über die beiden hauptsächlichsten Weltsysteme* überreichen möchte. Die Atmosphäre des Bildes ist von einer spürbaren Bedrohung geprägt, die Brecht in einer Folge

Kontrast zwischen dem 10. und 11. Bild

Zunehmende Bedrohung Galileis

spannungssteigernder Auftritte von Nebenfiguren gestaltet. Da erscheint zuerst ein Individuum, das sich schon seit Tagen in der Nähe Galileis herumtreibt, ein Spitzel vielleicht. Rektor Gaffone kommt die Treppe herunter, erschrickt, als er Galilei sieht, und geht fast grußlos hinaus. Galilei jedoch weist Virginias Vermutung, diese Geste könne etwas mit dem neuen Buch zu tun haben, auf beleidigende Weise zurück. Als Virginia sich bei einem Beamten höflich erkundigt, ob der Großherzog wisse, dass ihr Vater auf ihn warte, erhält sie eine demonstrative Abfuhr. Jetzt erst stellt Galilei wenn auch vage Überlegungen an zu fliehen, während er kurz zuvor ein Angebot zur Flucht seitens des Eisengießers Vanni noch brüsk abgelehnt hatte. Er erscheint aber sofort wieder beruhigt, als der Inquisitor, der überraschend in Florenz ist, ihn respektvoll grüßt.

Galileis Festnahme

Die Szene wendet sich erneut, als der Großherzog auftritt, jedem Gespräch über das neue Buch ausweicht und sich nur nach dem Zustand von Galileis Augen erkundigt. Jetzt begreift Galilei – zu spät – den Ernst der Lage und will eine vorbereitete Fluchtmöglichkeit nutzen. Ein Beamter verstellt ihm den Weg; er wird festgenommen und nach Rom gebracht. Dass Galilei in eine selbst gestellte Falle getappt ist, offenbart das Gespräch mit Vanni in der Mitte des Bildes (vgl. S. 100 f.).

Galilei leugnet den gesellschaftlichen Charakter seiner Wissenschaft

Der Eisengießer, Repräsentant des bürgerlichen Mittelstandes, tritt als Einziger Galilei in offener Weise entgegen. Vanni versichert ihm, die oberitalienischen Städte stünden hinter ihm, da sie ohne Männer, die für die Freiheit einstünden, nicht bestehen könnten. Galilei jedoch schlägt sich auf die Seite der herrschenden feudalen Kreise, da er an die Macht des Bürgertums weder glauben kann noch will („Ich kenne Macht von Ohnmacht auseinander“) und brüskiert damit den einzigen Menschen, der ihm Hilfe anbietet. Im Angesicht der Gefahr verleugnet er die gesellschaftlichen Folgen seiner Lehre:

> „Ich habe ein Buch geschrieben über die Mechanik des Universums, das ist alles. Was daraus gemacht oder nicht gemacht wird, geht mich nichts an.“ (S. 101)

KURZINFO

12. Bild

- Der neue Papst Urban VIII. steht der kopernikanischen Lehre zunächst nicht ablehnend gegenüber.
- Der Inquisitor versucht ihn zu beeinflussen und seine Meinung zu ändern.
- Der Papst kann sich schließlich nicht den Zwängen seines Amtes entziehen und erlaubt, Galilei die Folter anzudrohen.

Papst Urban VIII., vormals Kardinal Barberini, führt eine Unterredung mit dem Inquisitor zum Fall Galilei. Der Papst, von dem wir wissen, dass er auch Wissenschaftler ist, wird im Verlauf des Bildes mit den äußeren Zeichen seiner Macht bekleidet; dieser äußeren Veränderung entspricht sein Gesinnungswechsel im Fall Galilei. Zuerst protestiert er heftig gegen das Ansinnen, die „Rechentafel zerbrechen zu lassen", obschon er massivem Druck vieler Kirchenmitglieder ausgesetzt ist, Galilei den Prozess zu machen. Doch durch eine Vielzahl rhetorisch geschickt verbundener Argumente versucht der Inquisitor, die Meinung des schweigenden Papstes zu ändern. Es gehe gar nicht um die Rechentafel, sondern darum, ob das Fundament der menschlichen Gesellschaft aus dem Glauben oder dem Zweifel bestehen solle. Er erinnert an persönliche Schmähungen des Papstes durch ‚diese Menschen', auch an die schwierige außenpolitische Lage. Das im Volk schon grassierende Interesse für Astronomie sei deshalb so gefährlich, weil die einfachen Leute, wenn sie sich einmal der Vernunft zu bedienen gelernt hätten, auch vor Wahrheiten anderer Art nicht zurückschreckten:

Widerstand des ‚Wissenschaftlers' Barberini

Bedenkliche Folgen der Vernunft der einfachen Leute

> „Sie möchten, erst einmal zweifelnd, ob die Sonne stillstand zu Gibeon, ihren schmutzigen Zweifel an den Kollekten üben." (S.106)

Dass Galilei solches geradezu anstrebe, sehe man daran, dass er statt in Latein im „Idiom der Fischweiber und Wollhändler", d.h. in der Volkssprache schreibe.

Der immer nervöser werdende Papst spürt, dass er den Zwängen seines Amtes nicht entkommen kann; er macht eine Reihe von Einwänden, die vom Inquisitor in der Sache nicht wirklich widerlegt werden, gerade deshalb eher wie ein Rückzugsgefecht wirken. Es sei doch

Einwände des Papstes: ein Rückzugsgefecht

unlogisch, die neuen Sternkarten zu erlauben, das Wissen aber, das diesen Karten zugrunde liege, zu verbieten. Gerade ein Prozess gegen Galilei schade dem politischen Ansehen der Kurie. Auch habe er selber doch Galilei den Druck des neuen Buches erlaubt, da dieser sich an die Auflage gehalten habe, dem Glauben das letzte Wort zu überlassen. Erst jetzt, als er vom Inquisitor erfährt, dass Galilei diese Auflage durch eine List unterlaufen hat – Galilei hat die Worte des Glaubens dem ‚dummen' Dialog-Partner in den Mund gelegt – und er schon in vollem päpstlichen Ornat dasteht, erlaubt er, Galilei zumindest mit der Folter zu bedrohen.
Das 12. Bild zeigt mit der Verwandlung des Wissenschaftlers Barberini in den obersten Vertreter der kirchlichen Macht Urban VIII. einen symbolischen Vorgang: die Bedeutsamkeit gesellschaftlicher Rollenerwartungen für das Handeln des Einzelnen.

KURZINFO

13. Bild

- Galilei wird unter Androhung von Folter zum Widerruf seiner Lehre gezwungen.
- Die um ihn Bangenden schwanken zwischen Furcht und Hoffnung.
- Am 22. Juni 1633 widerruft Galilei vor der Inquisition seine Lehre von der Bewegung der Erde.
- Die Bewertung seines Widerrufs bleibt dem Zuschauer überlassen.

Historische Bedeutung des Widerrufs

Das Epigramm unterstreicht die bis in die Gegenwart des Zuschauers reichende Bedeutung des Ereignisses und kommentiert das Dargestellte bitterironisch als ein Hervortreten der Vernunft, das allerdings nur einen Tag währt. Schauplatz ist, wie im 8. Bild, der Palast des florentinischen Gesandten in Rom. Die Schüler Galileis warten auf den Ausgang des Inquisitionsprozesses, während Virginia abseits der anderen kniet und betet. Während im 6. Bild Galileis Lehre auf dem Prüfstand war und die Vertreter der alten Zeit auf das Ergebnis warteten, ist nun Galilei selber Gegenstand der ‚Prüfung', und die Vertreter der neuen Zeit erwarten die Entscheidung. Sie wissen, dass sich die Diskussion zwischen Barberini und Galilei (7. Bild) nicht wiederholt hat. Die Spannung der Schüler wird unerträglich, als das Individuum aus dem 11. Bild den Wartenden mitteilt, Herr Galilei werde

Umkehrung der Situation des 6. Bildes

Spannungssteigerung

um fünf Uhr vor der Inquisition widerrufen, dazu werde die Glocke von Sankt Markus läuten. Als wenige Augenblicke nach fünf Uhr noch keine Glocke ertönt ist, löst sich die Spannung der Schüler in dem Jubelschrei: „Er widerruft nicht!“ Sie umarmen sich, der kleine Mönch kniet zu einem Dankgebet nieder; Andrea sieht in Galileis vermeintlichem Widerstand einen Beweis von historischer Bedeutung:

> „Also: es geht nicht mit Gewalt! Sie kann nicht alles! Also: die Torheit wird besiegt, sie ist nicht unverletzlich! Also: der Mensch fürchtet den Tod nicht.“ (S. 112)

Galileis Widerruf

Als endlich die Glocke ertönt, stehen die Schüler in regungslosem Entsetzen da; nur Virginias Gebete sind erhört worden. Von der Straße her hört man einen Ausrufer den Text des Widerrufs verlesen.
Nach einem kurzen Zeitsprung (Abblenden des Bühnenlichts, nur die Glocke tönt weiter) verharren die Schüler immer noch wie gebannt. Galilei, sichtbar von den Spuren des Prozesses gezeichnet, hört Andreas Satz: „Unglücklich das Land, das keine Helden hat“ – und muss sich von Andrea beschimpfen lassen. Alles Weitere spielt sich fast wortlos ab (Galilei wird kaum beachtet, die anderen kümmern sich um Andrea, dem körperlich übel geworden ist). Erst ganz zu Ende antwortet Galilei mit einem Satz, einer Antithese zur Äußerung Andreas:

> „Nein. Unglücklich das Land, das Helden nötig hat.“ (S. 114)

These und Antithese: Der Zuschauer muss Galileis Verhalten bewerten

These und Antithese überlassen dem Zuschauer die Bewertung des Widerrufs. Da ist der Verrat Galileis an seinen eigenen Prinzipien, aber da ist auch die sichtbare Gewalt der Mächtigen.
Zum Abschluss des Bildes soll vor dem Vorhang ein kurzer Abschnitt aus Galileis Buch *Discorsi* verlesen werden, das er nach seinem Prozess noch schreiben wird. Galilei vertritt dort die These, dass die kleineren Tiere widerstandsfähiger, „kräftiger und stärker“ (ebd.) seien als die größeren. Ebenso „halten sich die kleinen Pflanzen besser“ (ebd.). Wenn dies auch wie eine vernünftige Erklärung des Versagens des ‚großen‘ Galilei anmutet, so bleibt doch zu bedenken, dass Galilei selber Urheber dieser Erklärung ist.

KURZINFO

14. Bild

- Galilei wird in sein Landhaus nahe Florenz verbannt und bleibt bis zu seinem Tod 1642 ein Gefangener der Inquisition.
- Gegenüber seinem Schüler Andrea, der den Widerruf für einen Verrat an der Wissenschaft hält, stellt er sein Verhalten als taktische Maßnahme dar, um sein Werk vollenden zu können.
- Er bekennt aber auch, dass er aus Angst vor der Folter widerrufen habe.
- Dem steht jedoch seine Begründung von der gesellschaftlichen Verantwortung des Wissenschaftlers entgegen: Einmal mehr erweist sich Galilei als zwiespältige, widersprüchliche Persönlichkeit.

Galileis anhaltender Forscherdrang

Der alte und fast erblindete Galilei beschäftigt sich immer noch mit physikalischen Experimenten. Mit einem Holzball untersucht er die Beschleunigung von Körpern auf schiefen Ebenen. Ein Bauer gibt zwei gerupfte Gänse ab, ohne den Namen des Spenders zu nennen. Galilei möchte sofort etwas davon essen, obschon er gerade erst zu Abend gegessen hat. Alles in diesem Hause steht unter der Aufsicht der Inquisition: die Kontrolle des Geschenks durch den im Vorraum Wache haltenden Mönch; wissenschaftliche Manuskripte müssen abgeliefert werden. Die Kirche möchte auch Galileis Überzeugungen unter Kontrolle behalten. Er muss jede Woche einen Brief an den Erzbischof schreiben, in dem er vorgegebene Bibel-Zitate zu kommentieren hat, um den Stand seiner Reue erkennbar werden zu lassen. Virginia, mittlerweile 40 Jahre alt, die Galilei wie ein hilfloses Kind behandelt („Und jetzt denken wir an unsre Augen und hören schnell auf mit dem Ball"), nötigt ihren widerstrebenden Vater, an diesem Brief weiterzuarbeiten. Erwartet werden offenbar politische Wohlverhaltenserklärungen in theologischem Gewand. So erteilt Galilei der Auffassung des Kardinals Spoletti, den aus Hunger rebellischen Seilern aus ‚Nächstenliebe' Suppen statt gerechte Bezahlung ihrer Waren anzubieten, seinen Segen durch ein Zitat des Apostels Paulus. Das Paulus-Wort „Auf daß ihr begreifen möget, daß Christus liebhaben viel besser ist denn alles Wissen" kommentiert er durch eine boshaft-hintersinnige Rechtfertigung seines früheren Verhaltens, auf das das Zitat deutlich anspielt. Seine Ironie läuft jedoch leer, da sie ja von seinem Briefpartner nicht bemerkt werden darf und soll.

Umfassende Kontrolle durch die Inquisition

Rhetorische Bußübungen des ‚reuigen' Sünders

Diesen alten Mann besucht nun Andrea Sarti. Er kommt auf der Durchreise nach Amsterdam nur, wie er betont, auf Wunsch ehemaliger Freunde. Seine Verachtung für den einstmals bewunderten Lehrer ist deutlich spürbar. Die Unterredung zwischen beiden erhält zudem durch die Anwesenheit Virginias den Charakter des Gezwungenen, Unaufrichtigen. Galilei, der auch vor seiner Tochter den reuigen Sünder zu spielen gelernt hat, möchte wissen, wie es um die Wissenschaft draußen steht, kleidet diese Frage jedoch in die Hoffnung, auch andere Wissenschaftler möchten durch seinen Widerruf dazu bewogen worden sein, „die Bahn des Irrtums zu verlassen". Andrea berichtet nicht nur von den Schwierigkeiten der Wissenschaftler (die Schüler Galileis hätten die Forschung aufgegeben, Descartes sein neuestes Buch nicht zu veröffentlichen gewagt), sondern betont auch Galileis Schuld an dieser Entwicklung.

Andrea begegnet dem ‚Verräter' Galilei

Die Folgen des Widerrufs

Nachdem Virginia das Zimmer verlassen hat, gewinnt das Gespräch einen offeneren Charakter. Galilei teilt Andrea mit, er habe sein Hauptwerk, die *Discorsi*, zu Ende geschrieben. Das Original habe er zwar den Mönchen ausliefern müssen, aber er habe – aus purer Eitelkeit, wie er betont – eine Abschrift angefertigt, die er Andrea hervorholen lässt. Andrea ändert sofort seine Einschätzung von Galileis Widerruf:

Galilei hat die *Discorsi* vollendet

> „Dies ändert alles! Alles. [...] Sie versteckten die Wahrheit. Vor dem Feind. Auch auf dem Felde der Ethik waren Sie uns um Jahrhunderte voraus." (S. 122)

Nicht ohne Genugtuung über den Sinneswandel seines Schülers bittet Galilei Andrea, diese neue Einschätzung zu begründen. Andrea stellt seinen ehemaligen Lehrer nunmehr als einen Mann dar, der nur widerrufen hat, um unter schwierigen politischen Bedingungen sein bahnbrechendes Lebenswerk vollenden zu können. Galilei widerspricht jedoch dieser Einschätzung energisch. Er habe nur aus Angst vor der Folter abgeschworen.

Der Widerruf: eine taktische Maßnahme?

Andrea versucht, dieses Eingeständnis der Schwäche herunterzuspielen: Nur die wissenschaftliche Leistung zähle, nicht die Motive des Wissenschaftlers oder die gesellschaftlichen Umstände seines Forschens. Diese Auffassung widerspricht jedoch allzu offenkundig den früheren Einsichten Galileis in die gesellschaftliche

Grund für Galileis Widerruf: Angst vor der Folter

Verantwortlichkeit der Wissenschaft. Deshalb sieht Galilei sich nun aufgefordert, seine Auffassung von der Ethik des Wissenschaftlers darzulegen. Wissenschaft sei durch ihre Methode des kritischen Zweifels an überlieferten Wahrheiten auch ein Instrument der Kritik an überlieferten Herrschaftsstrukturen. Hieraus ergebe sich für den Wissenschaftler die Verpflichtung, sein Wissen auch in den Dienst derjenigen zu stellen, deren Unwissenheit die ungerechten sozialen Verhältnisse am Leben erhalte. Sollten jedoch die Wissenschaftler nicht ihr einziges Ziel darin sehen, „die Mühseligkeit der menschlichen Existenz zu erleichtern", sondern nur Wissen um des Wissens willen anhäufen, sich dabei gar in den Dienst „selbstsüchtiger Machthaber" stellen, dann könne eines Tages die Kluft zwischen ihnen und der Masse der Menschen so groß werden, dass ihr „Jubelschrei über irgendeine neue Errungenschaft von einem universalen Entsetzensschrei beantwortet werden könnte" (S. 126). Nach diesen Maßstäben habe er, Galilei, versagt. Da er aus persönlicher Schwäche seine historische Chance vertan habe, könne er sich nicht mehr als Wissenschaftler betrachten.

Ethos des Wissenschaftlers: Verantwortung gegenüber der Gesellschaft

Galileis Versagen gegenüber den eigenen Ansprüchen

Während Galilei sich zum Essen setzt, verabschiedet sich Andrea, die *Discorsi* unter dem Rock. Galilei hat zwar lakonisch eingestanden, dass er immer noch daran glaube, eine neue Zeit sei heraufgekommen, aber der Schluss des Bildes macht deutlich, dass die Person Galilei für diese neue Zeit nicht mehr zur Verfügung steht. Nachdem Virginia Andrea hinausbegleitet hat, kommt sie zurück und antwortet auf die Frage, wie die Nacht sei: „Hell." Im 3. Bild sind diese Worte mit vertauschten Rollen gesprochen worden. Dieser Kunstgriff verdeutlicht den Gegensatz beider Bilder: Dem Entdecker Galilei mit seinem unbändigen Glauben an die neue Zeit steht der pessimistisch in die Zukunft schauende alte Galilei gegenüber, der aber dennoch davon überzeugt ist, dass ein neues Zeitalter angebrochen ist (vgl. S. 126 f.).

Kontrast zum Anfang des Stücks

Auch das Verhältnis Galileis zu seiner Tochter hat sich ins Gegenteil verkehrt. Virginia, über die sich Galilei wegen ihrer mangelnden Intelligenz früher achtlos hinweggesetzt hatte, hat ihren Vater nun im Dienste der Inquisition zu ihrem hilflosen Schützling gemacht.

Galileis fromme Tochter hat die Oberhand gewonnen

KURZINFO

15. Bild

- Andrea übernimmt die Rolle seines Lehrers und wird dessen Nachfolger.
- Es gelingt ihm, das letzte Werk Galileis außer Landes zu schmuggeln.

Das Epigramm parodiert eine überlieferte Form religiöser Dichtung, die den Menschen angesichts seiner Sterblichkeit dazu ermahnt, Gottes Geboten zu folgen. Bei Brecht ist das „End'" nicht das Ende des persönlichen Lebens, sondern das Ende der Menschheit, die „der Wissenschaften Licht" nicht zu hüten weiß. Auch die ‚historische Schuld' Galileis klingt an in den Versen:

Galileis historische Schuld

> „Das Wissen flüchtet über die Grenz.
> Wir, die wissensdurstig sind
> Er und ich, wir blieben dahint'." (S. 128)

Das letzte Bild spielt wie das erste am frühen Morgen. Andrea wartet am Schlagbaum, um die Grenze überschreiten zu können. Kinder spielen in der Nähe und singen ein Lied, das ‚praktischen Optimismus' verrät (auch ein verschissenes „Hemdelein" kann noch zu was nützen). Zwei kleine Jungen warnen Andrea vor einer Hexe. Ein dritter Junge glaubt nicht an Hexerei. Ironischerweise ist dieser ‚aufgeklärte' Junge derjenige, der wegen seiner Armut nicht in die Schule gehen kann. Noch einmal wird in dieser kleinen Episode Galileis ursprünglicher Glaube an die praktische Vernunft der einfachen Leute, aber auch seine Erfahrung der Dummheit der Gebildeten gespiegelt. Dasselbe wiederholt sich im Verhalten der Grenzwächter. Der Schreiber, der schon durch seine Berufsbezeichnung einen gewissen Grad der formalen Bildung verrät, hält es immerhin für möglich, dass die Kiste, die er gerade kontrollieren will, von der ‚Hexe' stammt. Der andere Grenzwächter jedoch, der offensichtlich nicht lesen und schreiben kann, hält das für Unsinn. Dass er dann doch auf die Kontrolle der Bücherkiste verzichtet, hat ganz handfeste Gründe. 34 Bücher zu kontrollieren ist für die Zöllner, die ihr Einkommen durch den Wegzoll aufbessern müssen, einfach unrentabel.

Praktische Vernunft der Ungebildeten – Dummheit der Gebildeten

Andreas List, das entscheidende Manuskript ganz offen in der Hand zu behalten, ist erfolgreich. Er kann unbe-

Andreas erfolgreiche List

helligt die Grenze passieren. Schon jenseits der Grenze belehrt er die Jungen, nicht der Teufel, sondern er selber habe die Kiste mitgenommen. Er beantwortet auch die Frage des ‚aufgeklärten' Jungen, ob es möglich sei, durch die Luft zu fliegen. Nur mit einer Maschine könne man dies vielleicht eines Tages tun, aber ob dies je möglich sein werde, wisse man nicht:

Andrea als Lehrer des „vernünftigen Sehens"

> „Wir wissen bei weitem nicht genug, Giuseppe. Wir stehen wirklich erst am Beginn." (S. 131)

Verhaltener Optimismus am Ende des Stücks

Während das 1. Bild von Galileis unbändigem Glauben an den Beginn einer neuen Zeit geprägt war, endet das Stück in einem Ton des verhaltenen Optimismus. Andrea hat jetzt die Rolle seines Lehrers übernommen, so wenn er sagt:

> „Du mußt lernen, die Augen aufzumachen." (S. 131)

2 Analyse und Interpretation

Zentrale thematische Aspekte

Vielfalt der thematischen Aspekte

Die Handlung des Stücks orientiert sich in ihrem Aufbau, ihrem Charakter als Chronik und in ihrer Spannungskurve an der Lebensgeschichte Galileo Galileis. Thema des Stücks ist – so lässt sich vermuten – der historische Konflikt zwischen Galileo Galilei und der Kirche um die Auslegung der Astronomie des Kopernikus. In Wahrheit ist dies jedoch nur ein Aspekt, gleichsam der historisch-thematische. Denn das Stück handelt nicht nur von den historischen Ereignissen selbst, sondern auch von deren Bedeutsamkeit für die Geschichte der Wissenschaft, von der Bedeutsamkeit der Wissenschaft für die Geschichte der Menschheit sowie von der Verantwortung des Wissenschaftlers für sein Tun. Besonders die zahlreichen Reflexionsdialoge sind es, die in ihrem Kontrast zu der eigentlichen Handlung des Dramas diese weiterführenden thematischen Aspekte der Deutung des Zuschauers aufschließen.

Konflikt von Wissenschaft und Religion

KURZINFO

Der Streit um das wahre Weltbild

- Das neue wissenschaftliche Weltbild und das tradierte religiöse stehen einander unvereinbar gegenüber.
- Die kopernikanische Lehre widerlegt die Mittelpunktstellung der Erde.
- Galileis Behauptung von der „Leere des Himmels" stellt zudem die reale Existenz Gottes in Frage.
- Seine neue wissenschaftliche Methodik, rationale Schlüsse aus beobachtbaren Tatsachen zu ziehen, erschüttert den Glauben an Autoritäten.

Der Konflikt zwischen Galilei und der Kirche wird geistesgeschichtlich verstanden als Auseinandersetzung des naturwissenschaftlichen Weltbildes mit dem christlichen Weltbild des Mittelalters. Dieser ‚Kampf um das richtige Weltbild' bildet auch den thematischen Hintergrund des Stücks. Zu Anfang des 1. Bildes führt Galilei dem kleinen Andrea (und dem Zuschauer) die traditio-

Mittelalterliches/ christliches Weltbild

nelle Lehre des Ptolemäus von der Mittelpunktstellung der Erde mit den umlaufenden Planeten an einem Modell vor Augen. Die physikalisch-metaphysische Lehre des Aristoteles von der Ungleichartigkeit irdischer und himmlischer Materie wird zu Anfang des 3. Bildes von Galilei durch die Entdeckung der Gleichartigkeit von Erde und Mond widerlegt. Das mittelalterliche Weltbild dient nicht nur der rationalen Erklärung der Natur, sondern definiert auch die Stellung des Menschen in der göttlichen Schöpfungsordnung. So sagt der sehr alte Kardinal im 6. Bild:

Das mittelalterliche Weltbild als theologische Spekulation

> „Ich bin nicht irgendein Wesen auf irgendeinem Gestirnchen, das für kurze Zeit irgendwo kreist. Ich gehe auf einer festen Erde, in sicherem Schritt, sie ruht, sie ist der Mittelpunkt des Alls, ich bin im Mittelpunkt, und das Auge des Schöpfers ruht auf mir und auf mir allein." (S. 62)

Und so spricht auch der kleine Mönch im 8. Bild von dem „Welttheater", das um die Menschen, die „Agierenden", „aufgebaut ist, damit sie [...] in ihren großen oder kleinen Rollen sich bewähren können." (S. 76)

Neues Weltbild stellt religiöse Weltordnung in Frage

Die neue kopernikanische Kosmologie, nach der die Erde nicht mehr als Mittelpunkt des Universums gelten kann und deren Wahrheit Galilei durch seine Beobachtungen bestätigt, gewinnt ihre Sprengkraft dadurch, dass sie auch die traditionelle religiöse Weltordnung in Frage stellt. Nach Pater Clavius sind die Theologen gefragt, um die Himmelskreise wieder einzurenken (vgl. 6. Bild, S. 63). Galilei setzt jedoch den ‚Himmel der Astronomen' mit dem ‚Himmel der Theologen' gleich: „Die Himmel, hat es sich herausgestellt, sind leer" (S. 10). Nach seinen aufsehenerregenden Beobachtungen zu Anfang des 3. Bildes stellt er fest: „Die Menschheit trägt in ihr Journal ein: Himmel abgeschafft." (S. 28) Das neue Weltbild lässt keinen Raum mehr für ein real existierendes göttliches Wesen:

Die reale Existenz Gottes wird fraglich

> SAGREDO Und wo ist dann Gott?
> GALILEI Was meinst du damit?
> SAGREDO Gott! Wo ist Gott?
> GALILEI *zornig:* Dort nicht! So wenig wie er hier auf der Erde zu finden ist, wenn dort Wesen sind und ihn hier suchen sollten!
> SAGREDO Und wo ist also Gott?

GALILEI Bin ich Theologe? Ich bin Mathematiker.
SAGREDO Vor allem bist du ein Mensch. Und ich frage dich, wo ist Gott in deinem Weltsystem?
GALILEI In uns oder nirgends! (S. 33)

Im Gegensatz zu Sagredo oder dem kleinen Mönch ist Galilei von solchen theologischen Konsequenzen seiner Forschungen nicht beunruhigt. Sein eigener Glaube an die Vernunft des Menschen ist von der Existenz oder Nicht-Existenz Gottes einfach nicht berührt.

Altes Wissen: Rechtfertigung durch Autorität

Altes und neues Wissen unterscheiden sich radikal durch Methode und Art der Rechtfertigung der Wahrheit. Das alte Wissen ist ein grundsätzlich durch Autorität zu beglaubigendes Wissen. Oberste Autorität ist dabei die Bibel, deren gültige Auslegung durch die „Theologen der Heiligen Kirche“ (S. 69) zu erfolgen hat. Wie am Verhalten des sehr dünnen Mönchs im 6. Bild deutlich wird, hat diese Auslegung so zu erfolgen, dass jedes theoretische Wissen über die Natur in letzter Konsequenz mit dem Wortlaut der Schrift übereinstimmen muss. Methode des alten Wissens ist der Versuch, mithilfe philosophischer Argumente – und hier liegt der Ursprung der Autorität des Aristoteles – die Vernünftigkeit und Notwendigkeit der biblischen Wahrheit aufzuweisen. Die absurden Konsequenzen eines solchen Denkens auf dem Felde der Wissenschaft werden im Verhalten der Hofgelehrten im 4. Bild sichtbar.

Methode: Nachweis der Vernünftigkeit der biblischen Wahrheit

Neues Wissen: Vernünftige Begründung beobachtbarer Tatsachen

Das neue Wissen gründet sich, wie das 3. und 9. Bild zeigen, auf empirische Beobachtungen. Auch das neue Wissen bedient sich rationaler Methoden, allerdings nicht, um theologische Glaubenslehren zu stützen, sondern um eine vernünftige Erklärung für die beobachteten Naturtatsachen zu finden.

Der entscheidende Unterschied zum alten Wissen besteht in der grundsätzlichen Skepsis gegenüber allen Behauptungen, die nur durch Autorität gerechtfertigt sind. Eine These ist nicht deshalb wahr, weil sie von einer „anerkannten Autorität“ (S. 48) stammt, sondern weil sie durch ein vernünftiges Verfahren, etwa – wie das 9. Bild am Beispiel der schwimmenden Körper demonstriert – durch ein wissenschaftliches Experiment bewiesen werden kann. Bei (noch) nicht überprüfbaren Annahmen werden solche bevorzugt, die am ehesten

Rechtfertigung durch empirische Beweise

den Gesetzen der Denkökonomie genügen, nicht solche, die am ehesten die Weltordnung der Theologen zu stützen imstande sind. So sagt Galilei:

> „Die alten Lehren, die tausend Jahre geglaubt wurden, sind ganz baufällig; an diesen riesigen Gebäuden ist weniger Holz als an den Stützen, die sie halten sollen. Viele Gesetze, die weniges erklären, während die neue Hypothese wenige Gesetze hat, die vieles erklären." (S. 21)

Glaube und Zweifel als einander ausschließende Wege zum Wissen

Der Gegensatz von altem und neuem Weltbild wird so zu einem Konflikt zwischen Glauben und vernünftigem Zweifel als einander ausschließende Wege des Menschen, Wahrheit und Wissen zu erlangen. „[...] wo der Glaube tausend Jahre gesessen hat, eben da sitzt jetzt der Zweifel" (S. 9), sagt Galilei schon zu Anfang, und ähnlich stellt der Inquisitor im 12. Bild die Frage:

> „Sollen wir die menschliche Gesellschaft auf den Zweifel begründen und nicht mehr auf den Glauben?" (S. 105)

Politisch-gesellschaftliche Bedingungen der Wissenschaft

KURZINFO

Bedrohung des theologischen Fundaments der bestehenden Gesellschaftsordnung

- Die Möglichkeit des wissenschaftlichen Fortschritts vermag die materiellen Lebensbedingungen zu verbessern.
- Die Methode des Zweifels kann zur kritischen Analyse der Gesellschaft herangezogen werden.
- Unterschiedliche machtpolitische Interessen unterminieren jedoch die Zukunftsfähigkeit der Wissenschaft.

Materialistisch-gesellschaftliche Deutung des Konflikts

Der Konflikt zwischen altem und neuem Wissen erfährt im Drama durchgehend eine gesellschaftlich-politische Deutung. Wenn Galilei im 8. Bild dem kleinen Mönch zugesteht: „Sie haben recht, es handelt sich nicht um die Planeten, sondern um die Campagnabauern" (S. 77), dann gilt dies gleichsam für das ganze Drama. Das Stück stellt die historischen Ereignisse im Lichte einer materialistischen Geschichtsbetrachtung dar. Es thematisiert nicht nur den Streit zwischen den Vertretern des alten und neuen Wissens, sondern auch die gesellschaftlich-politischen Hintergründe des Streits als dessen wahren und eigentlichen Charakter. Unter diesem Aspekt gewinnen die zahlreichen Reflexionsgespräche des Stücks eine wichtige dramaturgische Funktion, diejenige der Ideologiekritik. Das bedeutet: Das Selbstverständnis der historischen Figuren wird durch zahlreiche Äußerungen der Bühnenfiguren als historisch falsch, als Ausdruck einer wahre Absichten verschleiernden Weltanschauung (Ideologie) entlarvt.

Ideologiekritische Funktion der Reflexionsgespräche

Die neue Wissenschaft erscheint als Mittel des technischen und des gesellschaftlichen Fortschritts. Sie ermöglicht den Bau neuartiger Maschinen, die die ‚Lebensqualität' wirkungsvoller zu verbessern in der Lage sind als die Tröstungen der Religion:

Wissenschaft als Mittel technischen und gesellschaftlichen Fortschritts

> „Mit den Maschinen wollen sie Wunder tun. Was für welche? Gott brauchen sie jedenfalls nicht mehr" (S. 106 f.),

sagt der Inquisitor im 12. Bild.

Sie stellt aber auch die bestehende gesellschaftliche Ordnung in Frage. Dies klingt schon in Galileis Rede von der neuen Zeit im 1. Bild ganz deutlich an. Für die einfachen Leute ist die bestehende ständische Gesellschaftsordnung eine Ordnung der „leeren Lade" (S. 76). Ihr Leben ist, wie der kleine Mönch im 8. Bild einfühlsam beschreibt, von Armut und Entbehrungen geprägt, da die Früchte ihrer Arbeit den Herren und deren machtpolitischen Zwecken zufallen. Das durch den Glauben geprägte Weltbild erscheint vor diesem Hintergrund als „perlmutterne[r] Dunst von Aberglauben und alten Wörtern […], welcher die Machinationen dieser Leute [d. i. der Mächtigen] verdeckt." (S. 124 f.)

Ungerechtigkeit der bestehenden Gesellschaftsordnung

Religiöse Verbrämung des Unrechts

Die neue Wissenschaft untergräbt mit ihren Ergebnissen das theologische Fundament der bestehenden Gesellschaftsordnung. Zudem stellt sie durch ihre Methode des Zweifels ein Instrument bereit, das auch zur kritischen Analyse der Gesellschaft genutzt werden kann. Der alte Galilei stellt diesen Zusammenhang rückblickend heraus:

Methodischer Zweifel als Mittel der Gesellschaftskritik

> „Unsere neue Kunst des Zweifelns entzückte das große Publikum. Es riß uns das Teleskop aus der Hand und richtete es auf seine Peiniger." (S. 125)

Der kritische Geist der Wissenschaft trägt Früchte

Dieser Geist beginnt schon bald Früchte zu tragen. Bereits im 4. Bild sagt Galilei:

> „Eure Hoheit. In diesen Nächten werden über ganz Italien Fernrohre auf den Himmel gerichtet. Die Monde des Jupiter verbilligen nicht die Milch. Aber sie wurden nie je gesehen, und es gibt sie doch. Daraus zieht der Mann auf der Straße den Schluß, daß es noch vieles geben könnte, wenn er nur seine Augen aufmachte! […] Es sind nicht die Bewegungen einiger entfernter Gestirne, die Italien aufhorchen machen, sondern die Kunde, daß für unerschütterlich angesehene Lehren ins Wanken gekommen sind, und jedermann weiß, daß es deren zu viele gibt." (S. 49)

In der Karnevalsszene des 10. Bildes erscheint Galilei als Held des einfachen Volkes, während Obrigkeit und geistliche Herrn verspottet werden. Wie selbstverständlich stellt der Balladensänger die Analogie zwischen kosmischer und gesellschaftlicher Ordnung her.

Reaktionen der Mächtigen auf die Wissenschaft

Galilei trifft sowohl auf Vertreter verschiedener besitzender Schichten (Feudalherren, Bürgerliche) als auch auf Repräsentanten verschiedener politischer Systeme (Republik, Fürstentümer). Für sie stellt die neue Wissenschaft eine entschiedene Herausforderung dar. Ihre teilweise unterschiedlichen Reaktionen darauf lassen auch unterschiedliche Interessenlagen erkennbar werden.

Bürgertum/ Republik: Fortschritt bedeutet Möglichkeit höherer Profite

Für die bürgerliche Schicht ist die Wissenschaft durchaus Mittel des Fortschritts („Ich stehe und falle mit Männern wie Sie, Herr Galilei", sagt Vanni, S. 101). Sie verspricht sich nicht nur technischen Fortschritt, der durch eine Verbesserung der Produktionsmittel zugleich eine Erhöhung des Profits verheißt, sondern auch die Erringung bürgerlicher Freiheiten wie Freihandel und Gewerbefreiheit („Hier haben wir nicht einmal die Freiheit, Geld zu machen", S. 100). In einer republikanischen Staatsform jedoch behält die Wissenschaft bloßen Warenwert („Skudi wert ist nur, was Skudi bringt", S. 18).

Grundbesitzer: Wissenschaft geduldet als Gegenstand der Konversation

Der reaktionären Schicht der Großgrundbesitzer dient sie lediglich als zeitgemäß-modischer Inhalt gesellschaftlich erforderlicher Konversation („Die Mutter meint, ein wenig Wissenschaft ist nötig. Alle Welt nimmt ihren Wein heutzutage mit Wissenschaft […]", S. 15 – Ludovico). Gesellschaftskritische Tendenzen stoßen aber, wie Ludovicos Verhalten im 9. Bild deutlich macht, auf erbitterten Widerstand.

Vielschichtiger ist die Reaktion der geistlichen Gewalt, unter deren Vorherrschaft offenbar auch die weltlichen Fürsten stehen; denn widerstandslos liefert der Großherzog seinen Untertan und langjährigen Hofmathematiker an die Inquisition aus. Die Kirche erscheint in ihren führenden Repräsentanten als politisch-gesellschaftliche Macht; diese Rolle bestimmt auch ihr Verhältnis zur Wissenschaft. Dabei erscheint sie keineswegs als ausschließlich wissenschaftsfeindlich. Pater Clavius, der „größte Astronom Italiens und der Kirche" (S. 60), bestätigt im 6. Bild Galileis Entdeckungen, die Kardinäle Bellarmin und Barberini sind selber wissenschaftlich gebildet. Aus materiellen Interessen ist selbst der Inquisitor im 12. Bild bereit, die neuen Sternkarten zuzulassen; ein „bißchen Wissenschaft und Technik" muss schon deshalb sein, damit die reichen oberitalienischen Städte nicht die Autorität des Papstes in Frage stellen.

Großherzog als Erfüllungsgehilfe der Kirche

Die Kirche als politische Macht: Förderung der Wissenschaft aus materiellen Interessen

Andererseits endet die Toleranz da, wo der Streit um das wahre Weltbild Zweifel an der gesellschaftlichen Ordnung und der politischen Macht der Kirche wecken könnte. Diesen machtpolitischen Hintergrund des Dekrets gegen die kopernikanische Lehre geben die Kirchenfürsten im 7. Bild zu erkennen. Auch der „Prozess Galilei" war, das zeigt das Gespräch Urbans VIII. mit dem Inquisitor und die Verwandlung des Wissenschaftlers Barberini zum obersten kirchlichen Amtsträger im 12. Bild, eine Demonstration politischer Macht. Es war – durch Galileis Widerruf begünstigt – letztlich der erfolgreiche Versuch, eine durch die neue Wissenschaft heraufbeschworene revolutionäre Situation im Keim zu ersticken.

Verbot der Wissenschaft aus machtpolitischen Interessen

Das Ethos des Wissenschaftlers

KURZINFO

Galileis Schuld

- Galileis Widerruf ist ein Verrat an der aufrechten moralisch-politischen Verantwortung des Wissenschaftlers.
- Er hat seinen eigenen Anspruch, das Ziel der Wissenschaft bestehe darin, „die Mühseligkeit der menschlichen Existenz zu erleichtern", verfehlt.

Galilei verurteilt das eigene Verhalten als Verrat an seinem Beruf

Im 14. Bild rechnet Galilei in einer ‚mörderischen Analyse' mit seinem eigenen Verhalten ab. Sein vernichtendes Resultat lautet:

> „Ich habe meinen Beruf verraten. Ein Mensch, der das tut, was ich getan habe, kann in den Reihen der Wissenschaftler nicht geduldet werden." (S. 126)

Was ist der Beruf des Wissenschaftlers?

Die Wahrheit zu finden und sein Wissen weiterzusagen?

Galilei verurteilt sein eigenes Verhalten im Lichte einer sittlich-gesellschaftlichen Verantwortung, die ihm sein Beruf als Wissenschaftler auferlegt. Worin genau besteht nun diese Verantwortung und worin der Verrat Galileis? Die Antwort des Stücks zu diesem Thema ist sehr komplex und nicht ganz frei von Widersprüchen. Schon vom 1. Bild an erscheint die Wissenschaft mit der Idee des gesellschaftlichen Fortschritts verbunden (vgl. Galileis Rede auf die neue Zeit, S. 8–10). Damit wäre aber doch jede wissenschaftliche Entdeckung und jedes Aussprechen einer objektiven Wahrheit eine fortschrittliche und damit auch gebotene Handlung. Wenn Galilei im 9. Bild zu seinem ehemaligen Schüler Mutius sagt: „[...] wer sie [die Wahrheit] weiß und sie eine Lüge nennt, der ist ein Verbrecher!" (S. 81), dann hat er damit anscheinend schon das Urteil über sein eigenes Verhalten vorweggenommen; denn genau dies hat er doch und zudem noch in aller Förmlichkeit in seinem Widerruf selber getan. Andererseits hat ihn sein Widerruf auch in den Stand gesetzt, die *Discorsi* zu schreiben, ein Werk, dessen fortschrittlicher und zukunftweisender Charakter im letzten Bild anklingt. Galileis Handeln ließe sich demnach, wie Andrea dies im 14. Bild versucht, auch als Täuschungsmanöver bewerten:

> „Sie versteckten die Wahrheit. Vor dem Feind. Auch auf dem Felde der Ethik waren Sie uns um Jahrhunderte voraus." (S. 122)

Der alte Galilei weist diese Deutung seines Widerrufs entschieden zurück und relativiert damit die anfangs von ihm behauptete Einheit von Wissenschaft und Fortschritt. Nicht darin liegt jedoch seine Schuld, dass er mit seinem Widerruf keinen wohlüberlegten Plan verfolgte und nur aus Angst abschwor, sondern darin, dass sein Verhalten sich als sozialer Verrat darstellt. Immer wieder zeigt das Stück einen Galilei, der um die theoretisch-gesellschaftliche Doppelnatur der Wahrheit weiß. Im Gespräch mit dem kleinen Mönch wird deutlich, dass er den wahren, reaktionär-politischen Charakter des Edikts gegen die Kopernikaner kennt (vgl. S. 77). Er weiß, dass das Wissen auf der Seite derjenigen sein muss, „die das Brot machen“, nicht bei denjenigen, „die das Brot nur auf dem Tische sehen“ (S. 92). Später jedoch, im 11. Bild, will er diese soziale Dimension des Wissens nicht mehr wahrhaben. Er versucht mit seinem Rückzug auf das Gebiet des ‚wertfreien‘ reinen Wissens seiner sozialen Verantwortung zu entkommen. Die Gründe für dieses Verhalten, die den Vorwurf des objektiven Verrats nicht entkräften können, liegen in seiner epikureischen, sinnenfreudigen Natur, wie er schon im 8. Bild andeutet:

Die Wahrheit zu sagen, um die gesellschaftliche Bedeutung seines Wissens nicht zu verraten?

> „Würde ich mich zum Schweigen bereit finden, wären es zweifellos recht niedrige Beweggründe; Wohlleben, keine Verfolgung etc.“ (S. 77)

Warum aber hat der ‚soziale Verräter‘ auch seinen Beruf verraten? Der alte Galilei begründet diese Auffassung durch eine dialektische Argumentation über die gesellschaftliche Natur des Wissens. Die Wissenschaft sei ein ‚Handel‘ mit Wissen, ‚gewonnen durch Zweifel‘. Deshalb müsse sie, wenn sie gedeihen wolle, versuchen, ihre ‚Abnehmer‘, also möglichst alle Menschen, zu Zweiflern zu machen. Der Zweifel richte sich aber sowohl auf die Ordnung der Natur als auch auf die Ordnung der Gesellschaft. Werde nun die gesellschaftliche Seite des Zweifels unterschlagen, dann bleibe die Methode des Wissens unvollkommen. Ihrer gesellschaftlichen Aufgabe ledig, vermag die Wissenschaft nicht der Erkenntnis und Beherrschung der Natur zu dienen. Wahrer wissenschaftlich-technischer Fortschritt sei ohne gesellschaftlich-sozialen Fortschritt nicht möglich. Wenn die Wissenschaftler ihr ganzes Tun nicht an der – auch gesellschaftlich-politisch zu verstehenden – ‚Erleichterung der Mühseligkeit der menschlichen Existenz‘ ausrichten, dann, so sieht der alte Galilei voraus, wird eines Tages vielleicht der „Jubelschrei“ der Wissenschaftler „über irgendeine neue Errungenschaft von einem universalen Entsetzensschrei beantwortet werden“ (S. 126).

Mit dem wissenschaftlich-technischen Fortschritt zugleich den gesellschaftlichen Fortschritt zu bewirken?

Diese Sicht der Dinge macht auch den Charakter der Schuld Galileis deutlich, wie er sich jetzt darstellt. Galilei wirft sich selbst vor (vgl. ebd.), er habe in einer einzig-

Galileis Schuld

artigen historischen Situation, in der die Astronomie und damit das vom Zweifel geprägte Denken weite Verbreitung im Volk gefunden habe, versagt; denn seine Standhaftigkeit hätte ‚große Erschütterungen' hervorrufen können. Statt durch seinen Widerstand dem sozialen Fortschritt zu dienen, habe er sein Wissen den Herren für deren Zwecke zur Verfügung gestellt. Galileis Schuld bestand also nicht in erster Linie darin, die wissenschaftliche Wahrheit öffentlich ‚eine Lüge' genannt zu haben, sondern vielmehr darin, dass er durch seinen Widerruf die historische ‚Berufung' des Wissenschaftlers verraten hat, die darin besteht, sein ganzes Tun und Lassen an der Verbesserung der irdischen Dinge zu orientieren.

Von der großen Verantwortung des Wissenschaftlers

Der alte Galilei (und wohl mit ihm der Autor Brecht) bürdet dem Wissenschaftler eine große Verantwortung auf. Im 8. Bild hat Galilei die Auffassung, die Wahrheit werde sich ohne das Zutun der Wissenden durchsetzen, mit den emphatischen Worten zurückgewiesen:

> „Nein, nein, nein. Es setzt sich nur so viel Wahrheit durch, als wir durchsetzen." (S. 78)

Die historische Verantwortung des Wissenschaftlers erhält aber ihr entscheidendes Gewicht im 14. Bild, wo Galilei den ‚Beruf' des Wissenschaftlers und seine historische Aufgabe konsequent aus der theoretisch-gesellschaftlichen Doppelnatur des Wissens ableitet. Diese Auffassung nimmt ja auch seine anfängliche Zuversicht zurück, Wissenschaft als solche bedeute schon sozialen und menschlichen Fortschritt. Jetzt, so scheint es, liegt die fortschrittliche Seite des Wissens ganz in der Verantwortung der Wissenschaftler. Mehr als andere Menschen muss der Wissenschaftler über Einsichten in zeitübergreifende politisch-historische Zusammenhänge verfügen, an denen er sein Handeln ausrichten soll, und ungeachtet aller persönlichen Gefahren und äußeren Zwängen muss er bestrebt sein, die gesellschaftliche Kontrolle über sein Wissen, dessen Folgen nur er abzuschätzen vermag, zu bewahren. Der Zuschauer mag sich fragen, ob ein solches Ansinnen, das der alte Galilei (und mit ihm der Autor Brecht) an den Wissenschaftler richtet, zumutbar, ja ob es überhaupt möglich oder wünschenswert sein kann.

Historische Grundlagen

Italien im 17. Jahrhundert

KURZINFO

Italien als Kernland der Gegenreformation
- Italien ist in eine Vielzahl von Stadt- bzw. Fürstenstaaten zersplittert.
- Das Land ist aufgrund veränderter Handelswege ökonomisch vom Abstieg bedroht.
- Die Macht der Kirche nimmt stetig zu, dennoch findet keine systematische Inquisition statt.

Italien als verspätete Nation

Italien gehört wie Deutschland zu den verspäteten Nationen Europas, die ihre politische und staatliche Einheit erst in der zweiten Hälfte des 19. Jahrhunderts erreichen konnten. Zur Zeit Galileis gab es in den Grenzen des heutigen Italien eine Vielzahl unabhängiger Staatswesen, deren Verfassungen unterschiedlichen Traditionen entsprungen waren. Auf der einen Seite hatten sich ‚republikanische Staatswesen' erhalten, deren stadtstaatliche Anfänge in das frühe Mittelalter zurückreichten (Venedig, Genua, San Marino, Lucca). Die bedeutendste Republik war zu Anfang des 17. Jahrhunderts immer noch Venedig, das damals die politische Souveränität über weite Landstriche und zahlreiche Städte Oberitaliens (Friaul, Padua, Vicenza, Verona, Brescia, Bergamo) ausübte. Venedig war jedoch, wie die anderen Republiken, keine Demokratie im heutigen Verständnis. Die politische Macht wurde ausschließlich von den männlichen Vertretern weniger begüterter Familien (Patrizier, etwa 0,1 % der Gesamtbevölkerung) ausgeübt, deren Reichtum aus dem seit dem Mittelalter blühenden Handel und Gewerbe stammte. Daneben gab es eine Reihe von Fürstentümern. Die dort souverän regierenden Adelsfamilien (die Gonzaga in Mantua, die Farnese in Parma, die d'Este in Modena und die Medici als Großherzöge der Toskana in Florenz) stammten meist auch aus dem ‚bürgerlichen' Patriziat ihrer Heimatstädte; der Fürstenstaat hatte in Italien nur eine vergleichsweise kurze Tradition (in Florenz erst seit 1530).

Republikanische Staatswesen mit altehrwürdigen Traditionen

Die Fürstenstaaten und ihre kurze historische Tradition

Der Kirchenstaat

Eine Sonderstellung nahm hier der Kirchenstaat mit dem Papst als zugleich weltlichem und geistlichem Oberhaupt ein, dessen Geschichte bis in das frühe Mittelalter zurückreicht. Obschon das Italien des 17. Jahrhunderts immer noch kulturelle Leistungen von hohem Rang, insbesondere etwa in den Bereichen der Architektur und der Musik hervorbrachte, war seine wirtschaftliche und politische Kraft gegenüber dem 14. und 15. Jahrhundert spürbar zurückgegangen.

Nachlassende politisch-ökonomische Macht Italiens

Italien begann damals, da die Handelswege sich infolge der Bedrohung durch das Osmanische Reich zunehmend vom östlichen Mittelmeerraum zum Atlantik verlagerten, den Anschluss an neue ökonomische Entwicklungen (Manufakturwesen) zu verlieren. Die herrschenden Schichten kehrten allmählich zu einer feudalen, agrarisch geprägten Lebensweise zurück. Hinter der prunkvollen Fassade immer erlesenerer Feste der städtischen Oberschichten stagnierten Handel, Handwerk und Gewerbe. Seit 1559 wurden zudem Mailand, das Königreich Neapel und die Inseln Sardinien und Sizilien durch die spanische Krone regiert; Italien wurde so in weiten Teilen zu einem Nebenland des spanischen Absolutismus, der dessen Ressourcen rücksichtslos für seine eigenen Zwecke ausbeutete, etwa ganz Sizilien für den Bau der spanischen Kolonialflotte abholzte.

Italien als Nebenland des absolutistischen Spanien

Kernland der Gegenreformation

Ab der Mitte des 16. Jahrhunderts wurde Italien, das von der Reformation gänzlich unberührt geblieben war, neben Spanien zum Kernland der Gegenreformation. Die Gegenreformation, die sich unter den Päpsten Pius V. (1566–72), Gregor XIII. (1572–85) und Sixtus V. (1585–90) durchsetzte, war der Versuch einer umfassenden Offensive der Kurie gegen die sich immer weiter ausbreitende Reformation. Sie war zugleich geistig-religiöse Erneuerungsbewegung wie das Bestreben, verloren gegangene Machtpositionen zurückzuerobern.

Das Wirken des Jesuitenordens

Zur Speerspitze der Gegenreformation wurden die Jesuiten. Dieser Orden, mit seinem quasi-militärischen Aufbau und seinem besonderen Treueverhältnis zum Papst, wurde nicht nur ein wirkungsvolles Instrument kurialer Politik, sondern durch sein hervorragendes Bildungssystem, seine umfassende Förderung von Wissenschaft und Kultur auch zur intellektuellen Führungsmacht Italiens. Zu Beginn des 17. Jahrhunderts konnte die Kurie so in nahezu allen italienischen Staaten einen dominierenden Einfluss gewinnen. Dieser Einfluss erstreckte sich nicht nur auf das religiöse und geistige Leben, sondern reichte, etwa durch die Unterordnung der staatlichen Rechtsprechung unter das kanonische Recht, weit in den politisch-gesellschaftlichen Bereich hinein. Die Inquisition, das förmliche Rechtsverfahren gegen Häretiker und Ungläubige, hat jedoch in Italien, trotz einiger aufsehenerregender Prozesse – etwa gegen die Dominikanermönche Giordano Bruno (1600) und Tommaso Campanella (1599) – nicht den Charakter einer systematischen Verfolgung aller Andersdenkender angenommen wie im Spanien Philipps II.

Kurie als politische und geistige Führungsmacht Italiens

Inquisition in Italien wird nicht systematisch betrieben

Nur Venedig hat sich der Dominanz Roms nachdrücklich zu widersetzen versucht. Die Praxis der Republik, den Klerus zu besteuern, das kirchliche Recht den Gesetzen des Staates unterzuordnen und die Verleihung geistlicher Ämter durch Rom an die Zustimmung der Stadtregierung zu binden, führte 1605 zu einem erbitterten Konflikt mit Papst Paul V. Als Venedig sich weigerte, zwei Gefangene nach Rom auszuliefern, und ausdrücklich seine staatlichen Privilegien bekräftigte, bannte der Papst den Dogen und verhängte das Interdikt (Verbot aller religiösen Aktivitäten) über das Gebiet der Republik. Die Republik antwortete mit der Ausweisung der Jesuiten und der ‚Dienstverpflichtung' aller anderen Kleriker. Auch die von Frankreich vermittelte Lösung des Konflikts beließ der Republik ihre Freiheiten. Leidenschaftlicher Anwalt für die Unabhängigkeit Venedigs von der Kurie war damals Fra Paolo Sarpi, ein hochgebildeter Servitenmönch, der als theologischer Berater der venezianischen Stadtregierung fungierte. Zu seinen Freunden gehörte der damalige Professor der Mathematik in dem zu Venedig gehörenden Padua, Galileo Galilei.

Konflikte zwischen Venedig und der Kurie 1605–07

Fra Paolo Sarpi, ein Freund Galileis, auf Seiten Venedigs

Galileo Galilei, der gelehrte Florentiner

KURZINFO

Der historische Galilei

- Galileis Theorien und bahnbrechenden Entdeckungen richteten sich gegen die Lehrmeinungen seiner Zeit.
- Die Auseinandersetzung mit der Kirche um die astronomische Wahrheit hat das Bild Galileis in der europäischen Geschichte geprägt.

Galileo Galilei, Sohn eines vornehmen Florentiners

Galileo Galilei wurde am 15. 2. 1564 als Sohn des Viehhändlers Vicenzo Galilei (1520–92) in Florenz geboren. Sein Vater gehörte zur patrizischen Oberschicht seiner Heimatstadt, der Gruppe alter Familien, die seit dem Mittelalter die kulturelle Entwicklung maßgeblich mitgestaltet hatten und bis 1530 auch politisch beherrschend gewesen waren. Seine akademische Ausbildung

Student in Pisa

erhielt der junge Galileo Galilei ab 1581 an der Universität Pisa. Auf Wunsch seines Vaters sollte er Medizin studieren, fühlte sich jedoch bald zur Mathematik und Naturwissenschaft hingezogen. Durch seine Pisaner Professoren hat er damals wohl vorwiegend die Natur-

Technisch-praktisches Interesse des jungen Galilei

philosophie des Aristoteles kennengelernt. Sein Interesse erregten aber die Ingenieure, Militärtechniker und Handwerker mit ihren aus der Praxis gewonnenen naturwissenschaftlich-mathematischen Kenntnissen. Nach vierjährigem Studium kehrte er 1585 ohne Studienabschluss nach Florenz zurück und führte in den nächsten Jahren das Leben eines jungen Privatgelehrten.

Professorenjahre in Pisa

Aufgrund von Beziehungen zu einflussreichen und wissenschaftlich gebildeten Freunden konnte der 25-jährige Galilei 1589 als Professor für Mathematik nach Pisa zurückkehren. Schon damals stand er den physikalischen Theorien des Aristoteles skeptisch gegenüber, wenn er auch noch nicht die experimentelle Methode zur Widerlegung aristotelischer Argumente anwandte.

Chronischer Geldmangel

Dass Galilei in Pisa wie auch später ständig Geldsorgen hatte, lag eher an seinem aufwendigen, seiner patrizischen Herkunft verpflichteten Lebensstil und den finanziellen Verpflichtungen gegenüber seiner Familie als an seinem geringen Professorengehalt.

Galilei in Padua

Im Herbst 1592 wechselte Galilei zur Universität Padua und trat damit in die Dienste der Republik Venedig.

Padua war eine der ältesten Hohen Schulen Italiens (gegründet 1222); hier hatte Kopernikus Ende des 15. Jahrhunderts Medizin studiert. Der Schwerpunkt von Galileis Forschungstätigkeit lag in Padua im physikalisch-technischen Bereich. Er entwarf eine Theorie der einfachen Maschinen, erfand den Thermoskop, einen Vorläufer des Thermometers, und konstruierte den geometrischen und militärischen Kompass (Proportionalzirkel), einen Metallzirkel mit aufgetragener Skalierung, mit dem zahlreiche geometrische und arithmetische Berechnungen durchgeführt werden konnten. Wegen anhaltender Geldsorgen betätigte Galilei sich auch als lizenzierter Hersteller seiner Erfindungen und unterrichtete zahlreiche begüterte Privatschüler, die in seinem Haus Kost und Logis erhielten. Ab 1605 war auch der toskanische Thronfolger Cosimo de Medici (1590–1621) sein Schüler.

Galilei, Kopernikaner im Verborgenen

In Fragen der Astronomie war Galilei damals betont zurückhaltend. Nur aus einem Briefwechsel mit Johannes Kepler von 1597 geht hervor, dass Galilei schon in den 90er-Jahren Anhänger der Lehre des Kopernikus war; öffentliche Äußerungen Galileis liegen jedoch nicht vor.

Galileis entscheidende astronomische Entdeckungen 1610

Das änderte sich schlagartig in dem entscheidenden Jahr 1610. Am 20. 8. 1609 hatte Galilei der Signoria von Venedig sein Cannochiale, das Fernrohr, übergeben, keine ganz eigenständige Entwicklung, obwohl Galilei das später immer wieder behauptet hat, aber doch wohl, auf undeutliche Gerüchte aus anderen Quellen, nach einem eigenen Konstruktionsprinzip entworfen. Mithilfe dieses Rohrs entdeckt Galilei am 16. 1. 1610 die Jupitermonde. Nun bricht er sein Schweigen. In fieberhafter Eile schreibt er eine Abhandlung, „Sidereus Nuntius" („Sternenbote"), die bereits acht Wochen später erscheint. Zwar enthält die Schrift fast nur Beschreibungen seiner Beobachtungen (genaue Berechnungen und theoretische Begründungen werden erst im *Dialog* von 1632 nachgeliefert), aber allen Astronomen war klar, dass Galilei hiermit einen wichtigen Beweis für die Wahrheit der kopernikanischen Lehre gefunden hatte. Seine Entdeckungen – im Herbst fand er mit den Phasen der Venus einen weiteren Baustein des kopernikanischen Gebäudes – sind noch im selben Jahr durch Johannes

Kepler und am 17. 12. in einem Brief durch Clavius bestätigt worden.

Der Physiker Galilei nach 1610

Galilei, der im September 1610 in die Dienste seines ehemaligen Schülers, Cosimo II., Großherzog der Toskana, eintrat, hat auch in den folgenden Jahrzehnten einen Großteil seiner Arbeit Fragen der Physik gewidmet. 1612 entsteht der „Traktat über schwimmende Körper", der als erste exakte physikalische Arbeit der Wissenschaftsgeschichte betrachtet werden kann. Vor allen Dingen zu nennen sind die *Discorsi*, das in der Verbannung in Arcetri entstandene späte Hauptwerk. Auch seine astronomischen Schriften (*Il Saggiatore* von 1623 und den *Dialog über die beiden hauptsächlichsten Weltsysteme* von 1632) beinhalten eine Reihe von grundsätzlichen physikalischen Reflexionen; dies lässt sich dadurch erklären, dass Galilei bestrebt war, seine astronomischen Beobachtungen durch eine an irdischen Verhältnissen gewonnene, aber universal gültige Mechanik zu begründen. Seine physikalischen Theorien in ihrer Frontstellung gegen die gängige aristotelische Lehrmeinung waren nicht minder konfliktträchtig wie seine astronomischen Ergebnisse. Wissenschaftsgeschichtlich mag sogar dem Physiker Galilei der Vorrang vor dem Astronomen gebühren. Durchgesetzt hat sich jedoch das Bild des Astronomen Galilei, von dem die Sage geht, er habe noch nach dem Widerruf, was nirgendwo bezeugt ist, trotzig darauf beharrt: „Und sie bewegt sich doch". Die Auseinandersetzung mit der Kirche um die richtige astronomische Wahrheit hat das Bild Galileis geprägt; sie hat auch einen großen Teil von Galileis Forscherleben nach 1610 ausgefüllt.

Der „Prozess Galilei“ und seine Vorgeschichte

KURZINFO

Der historische Prozess gegen Galilei

- 1610: Entdeckung der Jupitermonde liefert empirische Beweise für das kopernikanische Weltbild.
- 1616: Galilei wird von der Kirche durch ein Edikt ermahnt, die kopernikanische Theorie nur als unbeweisbare Hypothese zu lehren.
- 1632: Nach langjährigem Schweigen zu astronomischen Problemen veröffentlicht Galilei seinen *Dialog über die beiden hauptsächlichsten Weltsysteme*.
- 1633: In Rom findet der auch nach Kirchenrecht formal fragwürdige Prozess gegen Galilei statt.
- Nach dem erzwungenen Widerruf wird Galilei bis zu seinem Tod 1642 unter Hausarrest gestellt.

Verbot der kopernikanischen Lehre 1616

Die erste Phase des Konflikts endete am 6.3.1616 mit der Indizierung, dem förmlichen Verbot der kopernikanischen Lehre, die von der Glaubenskongregation in einem Gutachten vom 25.2. für formal häretisch befunden worden war; schon am 26.2. war Galilei von Kardinal Bellarmin vermahnt worden, die kopernikanische Lehre nicht länger als wahr zu behaupten. An diesem Dekret ist manches erstaunlich. Es war eindeutig gegen Galilei gerichtet, der aber im Text des Dekrets gar nicht erwähnt wird, und es indiziert ein Buch – *De revolutionibus orbis coelestium* des Nikolaus Kopernikus – das bereits 73 Jahre zuvor erschienen und damals sogar dem Papst gewidmet worden war.

Metaphysik des Aristoteles als Ausgangspunkt der alten Weltvorstellung

Ein kurzer Exkurs in die Wissenschaftsgeschichte soll die Hintergründe des Konflikts verdeutlichen. Das mittelalterliche Weltbild beruhte auf den metaphysischen Spekulationen des Aristoteles, für den die Mittelpunktstellung der Erde Ausdruck ihrer Unvollkommenheit war. Das vollkommene Sein, nach dessen Wesen Aristoteles fragt, zeichnet sich im Gegensatz zur irdischen Materie mit ihren vier Grundstoffen Feuer, Wasser, Luft und Erde durch eine einheitliche Substanz und eine harmonische Bewegung, d.h. Kreisbewegung, aus. Beides kann, da es nicht für den irdischen Bereich gilt, nur für den ‚himmlischen‘ Bereich gelten. Das vollkommenste Sein muss zudem als Ursache alles weniger Vollkommenen, als unbewegter Beweger, gedacht werden. Dieser

Erste Beweger wird dann in der Scholastik, der Philosophie des Mittelalters, zum christlichen Schöpfergott uminterpretiert. Schon in der Antike aber fiel auf, dass das von Aristoteles als wirklich existierend behauptete System der harmonischen Sphärenschalen, auf denen die Planeten sich bewegen sollten, nicht mit den beobachtbaren Himmelsphänomenen zusammenstimmte.

Das ptolemäische Weltbild und seine Mängel

Ptolemäus versucht in der Spätantike, durch ein kompliziertes mathematisches Modell mit verschiedenen Hilfskreisen die metaphysisch verlangte Kreisförmigkeit mit den Phänomenen am Himmel, den beobachtbaren Bahnverläufen, in Übereinstimmung zu bringen. Sein Modell verfährt jedoch recht willkürlich und kann die Beziehung der Planeten untereinander nicht erklären. Diese Beziehung konnte Kopernikus dadurch herstellen, dass er die Sonne als Mittel- und Bezugspunkt der anderen Planeten ansetzte. Damit aber war die ursprüngliche, theologisch interpretierbare Lehre vom vollkommenen (göttlichen) und unvollkommenen (menschlichen) Sein nicht mehr ohne Weiteres in einer astronomischen Theorie darzustellen. Dass Kopernikus' Lehre nicht schon eher Reaktionen der Kirche provozierte, lag nicht so sehr daran, dass er keine empirischen Beweise für seine mathematischen Berechnungen vorgelegt hatte. Vielmehr glaubte man über lange Jahrzehnte, Kopernikus habe seine Lehre nur als spekulative Theorie verstanden, als bloße Hypothese, die keinen Anspruch darauf erhob, dass sich die Dinge wirklich so verhielten. Dieser Eindruck war durch das umfangreiche Vorwort zu dem Buch von 1543 entstanden. 1609/10 verändert sich die Situation: 1609 weist Johannes Kepler nach, dass das Vorwort zu Kopernikus' Buch eine Fälschung seines Schülers Osiander war, und gerade in diesem Augenblick macht Galilei astronomische Beobachtungen, die einen empirischen Beweis für die Wahrheit der kopernikanischen Lehre liefern.

Kopernikus' Modell bietet einleuchtende Erklärung

Kopernikanische Theorie galt lange als bloße Hypothese

1609/10: Wahrheit der neuen Lehre wird bewiesen

Dass Galilei auf einer, wissenschaftsgeschichtlich durchaus fragwürdigen, realistischen Interpretation des Kopernikus beharrt, zeigt, dass es in der folgenden Auseinandersetzung um den Charakter der Wahrheit selbst ging. Galilei hat, schon unter dem Eindruck des von den

Konflikt mit der Kirche

Dominikanern eingeleiteten Verfahrens wegen Ketzerei, in verschiedenen Schriften seine Auffassung vom Verhältnis von theologischer und wissenschaftlicher Wahrheit dargelegt. Oberste Wissenschaft, so Galilei, sei die Theologie, da sie das Seelenheil des Menschen zum Gegenstand habe. Das besage jedoch nicht, dass die Naturwissenschaft nicht souveräne Herrin über ihr Forschungsgebiet sein könne, der Fürst könne ja auch nicht dem Arzt, seinem Untertan, vorschreiben, wie er zu kurieren habe. Die in ihren Methoden unabhängige Wissenschaft von der Natur sei nicht an den Wortlaut der Schrift gebunden, die ja, wie schon die Kirchenväter gewusst hätten, kein naturwissenschaftliches Lehrbuch sei. Wenn Kardinal Bellarmin, der Leiter des Collegium Romanum, im Vorfeld des Dekrets darauf beharrt, Galilei dürfe die kopernikanische Lehre nur als Hypothese ansehen, dann wird hier die Absicht deutlich, auch weiterhin einen theologischen Vorbehalt auf dem Gebiet der Wissenschaft ausüben zu können. Es wird aber auch ein unterschiedliches Methodenverständnis offenkundig. Während die neue Wissenschaft induktive Schlüsse aus beobachteten Phänomenen als Beweis gelten lässt, beharrt die scholastische Denkart des Theologen auf einem deduktiven Argument der Seinsnotwendigkeit, dem strikten Beweis, dass es prinzipiell gar nicht anders sein könne, als dass sich die Erde um die Sonne dreht.

Emanzipation der Naturwissenschaft von der Theologie

Der empirische und der scholastisch-philosophische Beweis

Älteren Dokumenten zufolge soll Kardinal Bellarmin in einer Stellungnahme zum Fall Galilei argumentiert haben, dass er bezüglich der Beweisführung ernste Zweifel hege und dass man im Zweifelsfalle nicht von der Heiligen Schrift lassen solle, wie die Kirchenväter sie ausgelegt haben (vgl. Stillman Drake, Hrsg., *Discoveries and Opinions of Galileo*, New York 1957, S. 163 f.).

Galilei hält sich formal an das Dekret

Nach der Veröffentlichung des Dekrets hat Galilei seine Arbeiten an der theoretischen Fundierung seiner Entdeckungen fortgesetzt und sich weiterhin über die neue Lehre geäußert, allerdings nur in Form von hypothetischen Sätzen. Nach der Wahl des Mathematikers Barberini zum Papst 1624, der Galilei mehrfach freundschaftlich in Audienz empfangen hat, glaubte er die Spielräume seiner Aussagen erweitern zu können, obschon der neue Papst, wohl aus Gründen der Staatsräson, sich weigerte, das Dekret seines Vorgängers aufzuheben.

Definitiver Beweis für die Lehre des Kopernikus in hypothetischer Form

Der Anlass des Prozesses von 1633 war die Veröffentlichung des großen Werkes *Dialog über die beiden hauptsächlichsten Weltsysteme* (1632). Das Buch ist, in Anlehnung an die platonischen Dialoge, in Gesprächsform geschrieben. Zwei Freunde der neuen Wissenschaft, Sagredo und Salviati, und ein Aristoteliker, Simplicio, diskutieren die theoretischen Grundlagen der beiden Weltsysteme, wobei natürlich die kopernikanischen Argumente den Sieg davontragen. Galilei hat hier in der Tarnung des literarischen Rollenspiels versucht, einen umfassenden Beweis für die Wahrheit des kopernikanischen Systems zu liefern (Theorie der Ursache von Ebbe und Flut). Zwei Jahre hatte es gedauert, zahlreiche Auflagen waren von den Zensoren gemacht und von Galilei erfüllt worden, bevor das Buch erscheinen konnte. Sechs Monate nach seiner Veröffentlichung wird das Buch im Sommer 1632 plötzlich verboten, der Papst setzt eine Theologenkommission zur Vorbereitung eines Prozesses gegen Galilei ein.

Druckerlaubnis mit Auflagen

Verbot des Buches und Vorbereitung des Prozesses

Gründe für den Sinneswandel von Urban VIII.

Die Gründe für diesen Gesinnungswechsel des Papstes sind bis heute unbekannt. Dem Papst wird wohl klar geworden sein, dass es keine mittlere Linie mehr geben konnte, dass Galilei zwar weiterhin reden und schreiben, die Ergebnisse aber nur ‚in Gänsefüßchen' erscheinen durften, die keiner mehr beachtete. Der Barberini-Papst, trotz aller Gelehrsamkeit persönlich ein Mann der Macht, sah sich wohl auch aus außenpolitischen Rücksichten – er war kurz zuvor wegen seiner Konspiration mit den protestantischen Mächten gegen das katholische Habsburg/Spanien im Dreißigjährigen Krieg vom spanischen Botschafter öffentlich der Protektion von Ketzern beschuldigt worden – gezwungen, ein Exempel zu statuieren, um seine Gesinnung unter Beweis zu stellen.

Verurteilung Galileis trotz formaljuristischer Prozessmängel

Der formaljuristisch entscheidende Punkt des Prozesses, der ab April 1633 in Rom stattfand, war, ob Galilei 1616 von Kardinal Bellarmin nur ermahnt oder aber, wie eine obskure Protokollnotiz in den Prozessakten auswies, förmlich verpflichtet worden war, weder in Wort noch

Schrift weiter die kopernikanische Lehre zu vertreten. Obschon Galilei durch ein schriftliches Zeugnis Bellarmins die zweite Version entkräften konnte, lieferte der Abschlussbericht den geforderten, auch kirchenrechtlich fraglichen Schuldspruch. Am 16. 6. 1633 ordnet der Papst das Verbot der Bücher Galileis und den Entzug jeglicher Lehrerlaubnis an und verfügt die Inhaftierung und Befragung des Ketzers. Galilei glaubt, dass ihm die Folter drohe, verwickelt sich in Widersprüche und widerruft schließlich am 22. 6. öffentlich seine Lehren. Der ‚reuige Ketzer' bleibt bis zu seinem Tode 1642 in ‚formalem Kerker', d. h. er steht in seinem Landhaus in Arcetri unter der ständigen Kontrolle der Inquisition. Dort kann Galilei trotzdem seine *Discorsi* schreiben und sie 1636 außer Landes schmuggeln lassen.

1633 öffentlicher Widerruf

Galileis geschichtliche Bedeutung

KURZINFO

Galilei, der erste neuzeitliche Wissenschaftler

- Galileis historische Leistung besteht in der Abgrenzung der Naturwissenschaften und ihrer Forschungsmethoden von theologisch-philosophischen Lehrmeinungen.
- Eine Theorie kann nur dann Wahrheit für sich beanspruchen, wenn sie empirisch überprüfbar ist.

Galileis historische Bedeutung liegt mehr noch als in den Ergebnissen seiner astronomischen und physikalischen Forschungen, die heute teilweise überholt sind, in seinem Anspruch auf die Unabhängigkeit der wissenschaftlichen Wahrheit und in den Methoden seiner Forschung, die wegweisend für die weitere Entwicklung der Naturwissenschaft werden sollten.

Unabhängigkeit der wissenschaftlichen Wahrheit

Galileis Forschungsprogramm und seine Methode unterscheiden sich wesentlich von der durch Aristoteles geprägten Tradition der Naturphilosophie. Statt über die absolute Vollkommenheit der Natur zu spekulieren, möchte er die Gesetze genau definierter Problembereiche, etwa die der Bewegung, möglichst präzise ergründen und darstellen. Es geht ihm dabei auch nicht länger um das innere Wesen der Dinge, sondern um die quan-

Galileis Forschungsprogramm

Galileis Methoden:
- Mathematische Darstellung der Gesetze
- Wissenschaftliches Experiment

titativ darstellbaren, dadurch messbaren Beziehungen der Gegenstände der Natur untereinander in ihrer Gesetzmäßigkeit. Zur Darstellung und exakten Beschreibung dieser Relationen der Körper bedient er sich der Mathematik, Galilei schreibt als ‚erster Physiker' der Geschichte 1604 ein Naturgesetz in mathematischen Formeln nieder.
Eine wichtige Bedeutung gewinnt für ihn die empirische Beobachtung in Gestalt eines kontrollierten wissenschaftlichen Experiments. Wenn der Wissenschaftler die Gesetzmäßigkeiten der Natur entdecken will, dann reicht dazu die bloße Beobachtung der Natur nicht aus, da die Wahrnehmungssituationen sich ständig ändern. Ein Experiment vereinfacht und vereinheitlicht die Umstände, unter denen z. B. die Bewegung eines Körpers wahrgenommen werden kann. Dadurch erst werden einzelne Beobachtungen von Bewegungen miteinander vergleichbar, das allen Gemeinsame kann als Gesetz festgehalten werden. Die experimentelle Methode beruht dabei auf der grundsätzlichen Annahme, dass jede Theorie nur dann als wahr gelten kann, wenn sie empirisch überprüft werden kann.

Galilei, der erste neuzeitliche Naturwissenschaftler

Galilei hat seine Methode nicht theoretisch begründet und dargestellt, ja noch nicht einmal überall angewendet oder nur mit einer sehr schmalen Datenbasis gearbeitet; besonders in den *Discorsi* finden sich viele rationale Beweisführungen ohne Bezug zur empirischen Erfahrung. Gleichwohl hat Galilei als Erster einen Weg beschritten, den die Naturwissenschaft konsequent weitergegangen ist und der sie zum erfolgreichsten Denksystem in der Geschichte der Menschheit gemacht hat, wenn denn Erfolg darin zum Ausdruck kommen sollte, wie schnell und nachhaltig der Mensch seine natürliche Umwelt umzugestalten in der Lage ist.

Die Rolle des Historischen in Brechts Theatertheorie

Brecht hat seine während der Jahre des Exils entstandenen Dramen, zu denen *Leben des Galilei* zählt, als „Versuche" für ein neuartiges Theater, das „Theater des wissenschaftlichen Zeitalters", verstanden; er hat diese neue Theaterkonzeption in dieser Zeit auch theoretisch zu begründen versucht. Brechts Theatertheorie ist eine politische Theorie des Theaters: Sie fragt nach der gesellschaftlich-politischen Bedeutung der Kunstform Theater und sucht aus der Beantwortung dieser Frage die Prinzipien einer neuartigen Ästhetik des Theaters zu gewinnen.

Brechts materialistische Geschichtsauffassung

KURZINFO

Philosophische Grundlage: Materialistische Geschichtsphilosophie (Marx, Korsch)

- Das Wesen des Menschen besteht in historisch veränderbaren sozialen Prägungen statt unveränderlichen persönlichen Charakterzügen.
- Historischer Wandel (Änderung gesellschaftlicher Beziehungen) entsteht durch Entfaltung der Produktivkräfte.
- Veränderung sozialer Verhältnisse ist auch durch „geistige Aktion" möglich.

Marxistische Philosophie als Hintergrund von Brechts Theatertheorie

Brecht hat seit 1926 zuerst die wirtschaftstheoretischen Schriften von Karl Marx (1818–83) studiert, einige Jahre später durch den persönlichen Kontakt mit dem Philosophen Karl Korsch (1889–1961) auch die philosophischen Grundlagen des Marx'schen Materialismus kennengelernt und sich zu einem überzeugten Marxisten entwickelt. Die marxistische Philosophie bildet das von Brecht nicht eigens thematisierte theoretische Rahmenwerk seines Nachdenkens über das Theater. Zum Verständnis der Theatertheorie Brechts ist es deshalb unerlässlich, die grundsätzlichen Thesen Marx' zu vergegenwärtigen. Entscheidende Bedeutung gewinnt darin der Begriff der ‚Geschichte'.

Philosophisches Nachdenken galt seit jeher der Frage nach dem Wesen des Menschen, danach, was den Menschen zum Menschen macht. Die Antworten auf diese

Frage mochten verschiedene sein: Der Mensch konnte als Ebenbild Gottes, als ‚denkendes Tier' oder als ‚politisches Wesen' begriffen werden. Eines war diesen Erklärungen gemeinsam: Sie fassten das Wesen des Menschen als eine feststehende Seinsbestimmung auf, die jedes menschliche Individuum in derselben Weise zum Menschen qualifizierte. Für Marx jedoch liegt das Wesen des Menschen in seiner beständigen Veränderung und Entwicklung, weniger allerdings in der persönlichen Entwicklung des einzelnen Menschen als vielmehr in der ‚Geschichte der Gattung', d.h. in dem Entwicklungsprozess der Gesamtheit aller je lebenden, gelebt habenden und zukünftig lebenden Menschen.

Marxistische Wesensbestimmung des Menschen

Marx übernimmt diesen Entwicklungsgedanken von dem idealistischen Philosophen G.W.F. Hegel (1770–1831), der ihn als einen Prozess des Bewusstseins, also als geistigen Prozess aufgefasst hatte, und wendet ihn auf den realen Geschichtsprozess der Menschheit an, den er materialistisch deutet: Der Mensch ist als natürliches Lebewesen wie alle Lebewesen auf die Erhaltung seiner selbst und seiner Art ausgerichtet. Seine Besonderheit liegt darin, dass er zu diesem Zweck materielle Gegenstände (Werkzeuge usw.), aber auch andere Produktionsmittel (z.B. Grund und Boden) braucht, mit denen er die äußere Natur beherrschen und ihr gleichsam seine eigene „materielle Natur" einprägen kann. In diesem materiellen Produktionsprozess tritt der einzelne Mensch notwendig in Kontakt zu anderen Menschen, sein materielles Produzieren ist zugleich ein gesellschaftliches Produzieren; es geschieht im Rahmen von Produktionsverhältnissen. Solche Produktionsverhältnisse befördern nun das soziale Ungleichgewicht unter den Menschen, da sie zugleich den Besitz der Produktionsmittel ungleich verteilen. Der hörige Bauer des Mittelalters leistet zwar die eigentlich materielle produktive Arbeit, wenn er ‚seinen' Acker bebaut, aber er kann in der feudalistischen Gesellschaft, in der er lebt, nicht frei über seine Produktionsmittel und seine Produkte verfügen.

Materielle Produktion als „materielle Natur" des Menschen

Soziale Ungleichheit als Folge ungleich verteilter Produktionsmittel

Die menschliche Geschichte verläuft nun nach Marx nach einer bestimmten Dramaturgie. Entsprechend ihrer materiellen Natur entwickeln die Menschen immer komplexere und effizientere Weisen der Naturaneignung

Ständiger Fortschritt der geschichtlichen Entwicklung

(Produktivkräfte). Dies muss jedoch auch eine ständige Veränderung der Gesellschaftsstrukturen zur Folge haben, die oft sprunghaft, in Gestalt revolutionärer Umwälzung, erfolgt. In der Zukunft soll, nach Entfaltung aller Produktivkräfte des Menschen, die Errichtung einer klassenlosen Gesellschaft, die das soziale Ungleichgewicht der verschiedenen sozialen Gruppen (Klassen) aufhebt, die Geschichte der Menschheit an ihr Ende führen.

Der Mensch ist bestimmt durch sein gesellschaftliches Sein

Der einzelne Mensch kann sein Menschsein nur ergreifen durch die Rolle, die er in diesem Entwicklungsprozess zu spielen hat. Er ist wesentlich geprägt durch die soziale Struktur der Gesellschaft, in der er lebt. Diese Gesellschaft ist auf stetige Veränderung angelegt, wobei der entscheidende Grund dieser Veränderung in der materiellen Natur, in der Entwicklung der Aneignung der Natur durch den Menschen liegt. Die Entwicklung der menschlichen Gattung ist zwar durch materialistische Gesetzmäßigkeiten geprägt, aber die Geschichte ist doch darum kein determinierter, vorherbestimmter Prozess, auf den die einzelnen Menschen durch ihre persönlichen Absichten und Handlungen keinen Einfluss nehmen könnten. Marx' Theorie will die Menschen in der kapitalistischen Gesellschaft ja gerade dazu bringen, die Gesetze der Geschichte und die ökonomischen Strukturen des Kapitalismus zu verstehen, um die Gesellschaft zu verändern und die klassenlose Gesellschaft herbeizuführen. Karl Korsch, Brechts ‚Lehrer', hat diesen Charakter der Marx'schen Theorie besonders betont; er bezeichnet diejenige theoretische Erkenntnis, die auf die Veränderung der gesellschaftlichen Praxis abzielt, als „geistige Aktion". Auch für Brecht, der von „eingreifendem Denken" spricht, ist die Marx'sche Theorie, wie er den Philosophen in seiner Schrift *Der Messingkauf* sagen lässt, „eine bestimmte Art, die Welt anzuschauen", die zu „gewissen Beurteilungen der Erscheinungen, Voraussagen und Winken für die Praxis führt", nicht jedoch eine geschlossene Weltanschauung, „vermeintliches Wissen, wie alles sich abspielt und gebildet nach einem Ideal der Harmonie" (GW 16, 531). Marx' materialistische Geschichts- und Gesellschaftstheorie gilt Brecht als ein geistiges Instrumentarium der gesellschaftlichen Veränderung.

Keine deterministischen Gesetze der Geschichte

Marxismus als auf Veränderung der Gesellschaft ausgerichtete Theorie

Die gesellschaftliche Bedeutung des Theaters

KURZINFO

Die Kunstform Theater als Medium gesellschaftlicher Veränderung
- Theater kann, indem es menschliches Verhalten zeigt, realistische Abbilder sozialer Verhältnisse herstellen.
- Theater wird als „geistige Aktion" zum Mittel realer historischer Veränderungen.

Theater als Mittel der Erkenntnis gesellschaftlicher Realität

Brechts Theatertheorie kreist um Möglichkeiten und Aufgaben des Theaters im Hinblick auf eine als notwendig vorausgesetzte sozial-revolutionäre Umgestaltung der Gesellschaft. In seiner theatertheoretischen Hauptschrift *Der Messingkauf* (1939ff.), die er nach dem Vorbild von Galileis *Discorsi* in Dialogform verfasste, ist es bezeichnenderweise der Philosoph, der im Gespräch mit den Theaterleuten Leitlinien für ein neues, revolutionäres Theater entwirft. Freilich handelt es sich bei ihm um einen ‚materialistischen' Philosophen, der sein Denken in den Dienst der gesellschaftlichen Veränderung stellt.

Das Theater ist ‚philosophisch' bedeutsam, weil es Vorgänge, die zwischen Menschen stattfinden, abbildet und dadurch zu einem Instrument gesellschaftlicher Erkenntnis werden kann. Freilich bedarf es dazu einer ‚realistischen' Abbildung menschlichen Verhaltens, d.h. einer ‚Abbildung', die die wahre materielle und gesellschaftliche Natur des Menschen und seiner Geschichte freilegt.

Unrealistisches Abbild des Menschen im „bürgerlichen Theater"

Brecht bestreitet nun, dass das traditionelle Theater, das er in polemischer Verkürzung als „bürgerliches Theater" bezeichnet, ein solch realistisches Abbild hat liefern können, da es die Geschichtlichkeit des Menschen unterschlagen habe:

> „Die Darstellung des Menschen [im bürgerlichen Theater] hält sich an das sogenannte Ewig-Menschliche. […] Diese Auffassung mag die Existenz einer Geschichte zugeben, aber es ist dennoch eine geschichtslose Auffassung." (GW 16, 628)

Der Protagonist des bürgerlichen Theaters ist der durch seinen Charakter, seine Leidenschaften und seine Überzeugungen geprägte Einzelne, für dessen persönliche Identität das „Milieu", die historisch-sozialen Lebensumstände, nicht von Bedeutung ist. Brecht setzt dagegen ein ‚historisches' Denken, die Auffassung des Menschen als einer Variablen des Milieus, des „Milieus als einer Variablen des Menschen, das heißt die Auflösung des Milieus in Beziehungen zwischen Menschen" (ebd.).

Realistisches Abbild: der geschichtliche, veränderbare Mensch

Ein realistisches Abbild fasst den Menschen einerseits als ein Produkt seiner sozialen Umwelt; andererseits kann und muss es ihn gerade deshalb auch als veränderbar zeigen, denn die sozialen Ordnungen sind ja nichts als geschichtlich gewordene und damit auch geschichtlich veränderbare Formen der sozialen Beziehungen von Menschen. Die gesellschaftliche Bedeutung des Theaters erschöpft sich nach Brecht jedoch nicht darin, ein ‚realistisches' Abbild des Menschen in seiner gesellschaftlich-geschichtlichen Gebundenheit zu liefern. Das Theater kann, indem es solche ‚realistischen' Abbilder schafft, auch selber zu einem Instrument gesellschaftlicher Veränderung werden. Durch das Vorzeigen veränderbarer Menschen auf dem Hintergrund einer geschichtlich relativierbaren Gesellschaftsordnung soll der Zuschauer – ähnlich wie der Leser der Marx'schen Philosophie – verwertbare Erkenntnisse zur Veränderung seiner eigenen gesellschaftlichen Realität erhalten.

Das Theater als Mittel realer gesellschaftlicher Veränderung

Historisierung und Verfremdung

KURZINFO

Brechts zentrale dramaturgische Kategorien

- Historisierung bezeichnet die Abbildung gesellschaftlicher Verhältnisse aus der Perspektive ihrer historischen Entwicklung.
- Verfremdung zielt auf den Erkenntnisgewinn durch eine historisierend veränderte Perspektive auf die realen Bedingungen.

Historisierung und Verfremdung als Mittel der Erkenntnis

Dieser Sachverhalt wird besonders klar an den zentralen, aber oft missverstandenen Begriffen der Theatertheorie Brechts, „Historisierung" und „Verfremdung". Brecht tut manchmal so, als bezeichneten diese Begriffe bloße ‚Techniken', etwa dramaturgische ‚Kniffe' beim Schreiben von Theaterstücken, oder bestimmte Regeln für die Aufführung solcher Stücke. In Wahrheit sind sie jedoch zuallererst begriffliche Kategorien, die den Erkenntnisprozess beschreiben, den das auf gesellschaftliche Veränderung zielende Theater zu leisten hat. Brechts Rede von ‚Techniken' ist so zu verstehen, dass alle ästhetischen Gestaltungsmittel des Theaters ihre Bedeutung nur dadurch gewinnen können, dass sie einen solchen Erkenntnisprozess des Zuschauers befördern. Was meint nun Historisierung?

> „Bei der Historisierung wird ein bestimmtes Gesellschaftssystem vom Standpunkt eines anderen Gesellschaftssystems aus betrachtet. Die Entwicklung der Gesellschaft gibt die Gesichtspunkte." (GW 16, 653)

Historisieren: Begreifen einer Gesellschaft von ihrer historischen Entwicklung her

Ein Theater, das ein realistisches Abbild der gesellschaftlichen Wirklichkeit liefern will, muss nicht nur den Menschen als ein ‚historisches' soziales Wesen zeigen, sondern auch deutlich machen, dass das Gesellschaftssystem, in dem der Mensch lebt, Resultat eines geschichtlichen Prozesses ist und durch die geschichtliche Entwicklung überholbar ist, weil es den Keim zu einer solchen Veränderung immer schon in sich trägt. Ein angemessenes Verständnis etwa der bürgerlichen Gesellschaft des 19. Jahrhunderts setzt nicht nur eine Kenntnis der historischen Wurzeln dieser Gesellschaft voraus, es wird vielmehr erst dann erreicht, wenn man weiß, wie sich diese Gesellschaft bis ins 20. Jahrhundert weiterentwickelt hat. In diesem Sinne schreibt Brecht:

> „Die Klassiker haben gesagt, daß der Affe sich am besten vom Menschen aus, seinem Nachfolger in der Entwicklung, begreifen lasse." (GW 16, 610)

Begreifen der Gegenwart setzt Utopie der Zukunft voraus

Brecht aber geht es primär um die gesellschaftliche Erkenntnis der Gegenwart durch das Theater. Der Standpunkt, von dem die gegenwärtige gesellschaftliche Wirklichkeit historisierend betrachtet werden muss, ist dann aber die Zukunft, die sozialistische Utopie einer klassenlosen, herrschaftsfreien Gesellschaft. Im Begriff des „Historisierens" wird deutlich, dass in dem Erkenntnisprozess, den das Theater hervorrufen soll, um die Veränderung der Gesellschaft zu ermöglichen, der Vorblick auf eine künftige, veränderte Gesellschaft schon notwendig ist, um die gegenwärtige gesellschaftliche Wirklichkeit zu begreifen.
Auch der Begriff „Verfremdung" zielt auf den gesellschaftlich bedeutsamen Erkenntnisprozess, den das The-

ater nach Brecht zu leisten hat; manchmal setzt Brecht ‚historisieren' sogar mit ‚verfremden' gleich:

> „Einen Vorgang oder einen Charakter verfremden heißt zunächst einfach, dem Vorgang oder dem Charakter das Selbstverständliche, Einleuchtende zu nehmen und über ihn Staunen und Neugierde zu erzeugen. [...] Verfremden heißt also Historisieren, heißt Vorgänge und Personen als historisch, also als vergänglich darstellen. Dasselbe kann natürlich auch mit Zeitgenossen geschehen, auch ihre Haltungen können als zeitgebunden, historisch, vergänglich dargestellt werden." (GW 15, 301)

Verfremdung als Methode der Erkenntnis

„Verfremden" und „Historisieren" sind zwar nicht identische Begriffe, stehen aber in einer engen gedanklichen Beziehung zueinander. Verfremden ist zuallererst eine allgemeine Methode, zu Erkenntnissen zu gelangen. Schon 1809 hat Hegel den berühmten Satz geschrieben: „das Bekannte überhaupt ist darum, weil es bekannt ist, nicht erkannt." Gerade die Dinge, mit denen wir am häufigsten in Berührung kommen, sind oft diejenigen, über die wir am wenigsten wissen. Wir haben uns ein Bild von ihnen gemacht, das für unsere Bedürfnisse ausreicht, ohne zu bemerken, wie unvollständig dieses Bild ist. Eine Methode, Wissen im Sinne eines tieferen Verständnisses zu gewinnen, besteht darin, die Dinge und Vorgänge in einen neuartigen Zusammenhang zu setzen und so eine neue, ungewohnte Sichtweise zu gewinnen. Dies ist gerade das, worauf Verfremdung bei Brecht zielt: durch einen ungewohnten Blick auf (gesellschaftliche) Vorgänge ein vertieftes Verständnis ihrer Zusammenhänge zu ermöglichen.

Zusammenhang von Historisierung und Verfremdung

Verfremdung ist insoweit mit Historisierung gleichzusetzen, als der angestrebte Erkenntnisprozess die geschichtlich-gesellschaftliche Dimension des Menschen zum Gegenstand hat. Historisierung ist insofern Verfremdung, als sie die gewohnte Sehweise des Zuschauers, dem gesellschaftliche Verhältnisse eher als Schicksal, als eine unabänderliche Tatsache erscheinen, verändert und auf die Veränderbarkeit der Verhältnisse aufmerksam macht.

Aus der Natur dieses vom Theater zu leistenden Erkenntnisprozesses gewinnt Brecht ein präziseres Verständnis von Aufgabe und Struktur des ‚neuen' Theaters. Im *Kleinen Organon* (1948) heißt es:

„Die Auslegung der Fabel und ihre Vermittlung durch geeignete Verfremdungen ist das Hauptgeschäft des Theaters." (GW16, 696)

„Gesellschaftlicher Gestus" und „Fabel" in Brechts Theatertheorie

Das Theater kann die gesellschaftliche Wirklichkeit nur dadurch erkennen lassen, dass es das Verhalten einzelner Menschen, der Bühnenfiguren, zeigt. Diese Bühnenfiguren müssen gleichsam ‚historischen' Charakter haben; ihr Verhalten darf nicht Ausdruck einer unveränderlichen Persönlichkeitsstruktur sein, sondern es muss als gesellschaftlich bedingtes und deshalb veränderbares Verhalten erscheinen. Solch gesellschaftliches Verhalten, das in Mimik, Gestik und in der Dialogsprache der Bühnenfiguren zum Ausdruck kommt, nennt Brecht einen „gesellschaftlichen Gestus". Unter „Fabel" versteht Brecht eine Bühnenhandlung, die auf dem gesellschaftlichen Gestus der Bühnenfiguren aufgebaut ist. Das Theater betreibt dadurch die Auslegung seiner „Fabel", dass es durch das ‚verfremdende' Vorzeigen solcher Verhaltensweisen der Bühnenfiguren die Aufmerksamkeit auf die allgemeinen Strukturen der Gesellschaft und ihre Entwicklung lenkt, durch die das Verhalten der Bühnenfiguren bestimmt ist. Das Theater muss ein Modell der gesellschaftlichen Wirklichkeit zeigen, um die Erkenntnis und dadurch die Veränderung der gesellschaftlichen Wirklichkeit zu ermöglichen.

Drama als Erkenntnismodell gesellschaftlicher Wirklichkeit

Einfühlung und Kritik: Die Rolle des Zuschauers

KURZINFO

Das angestrebte Zuschauerverhalten

- Brecht lehnte die klassische Theaterpraxis ab, die auf Einfühlung des Zuschauers in das Bühnengeschehen und die Figuren zielt.
- Sein Theater sucht eine kritische Distanz des Zuschauers zu ermöglichen, die Voraussetzung für eine gesellschaftlich umsetzbare Erkenntnis ist.
- Diesem Ziel entsprechen zahlreiche Verfremdungstechniken, die eine Identifikation des Zuschauers mit der dramatischen Handlung und den gezeigten Charakteren verhindern sollen.

Jedes Theater hat Wirkungsabsichten

Jede Art von Theater ist ein Spiel für Zuschauer; Theater ist eine Kunstform, die dem Zuschauer etwas mitteilen oder bei ihm etwas bewirken will. Dadurch prägt das Theater aber in gewisser Weise die Erwartungen, die Menschen haben, wenn sie ins Theater gehen, und die sie dazu bewegen, dort hinzugehen.

Klassische Tragödie: Reinigung der Affekte des Zuschauers

Die Aufgabe der klassischen Tragödie besteht darin, die Affekte (Gefühle) der Zuschauer durch die Erzeugung von Furcht und Mitleid zu reinigen (Katharsis = sittliche, innerliche ‚Reinigung'). Diese Auffassung wird traditionell, und auch Brecht tut dies, mit dem Namen des antiken Philosophen Aristoteles verbunden, der als Erster eine systematische Ästhetik der Dichtkunst (Poetik) entworfen hat. Theater erscheint hier also nicht als Ort der Erkenntnis, sondern gleichsam als ein ‚therapeutisches Instrument', das auf die Erlebnisfähigkeit und das emotionale Gleichgewicht des Zuschauers abzielt. Wenn aber das Theater in dieser Absicht Furcht und Schrecken erzeugen soll, dann bedeutet dies, das Theater muss bestrebt sein, den Zuschauer aus seiner eigenen Wirklichkeit herauszulösen und ihn in die Wirklichkeit der Dramenhandlung hineinzuversetzen: Mitleid sollte er mit den Personen der Tragödie empfinden können, Furcht sollte ihn befallen bei der Vorstellung, ihm selber könne das tragische Schicksal der Dramenfiguren widerfahren. Ein solches Theater muss also bestrebt sein, die Einfühlung des Zuschauers in die Personen des Dramas und deren Tun zu ermöglichen.

Einfühlung in das Bühnengeschehen

Im Laufe der Jahrhunderte hat sich der auf Einfühlung abzielende Charakter des Theaters gleichsam verselbständigt. Schon durch das Arrangement einer Theateraufführung – die Schauspieler agierten auf einer vom Zuschauerraum getrennten Spielfläche, der ‚Guckkastenbühne' – konnte beim Zuschauer der Eindruck entstehen, Zeuge eines ‚realen' Ereignisses zu werden. Diese Suggestion wurde noch durch die gefühlsbetonte Spielweise der Schauspieler verstärkt, deren höchste Kunst es war, sich ganz in die dargestellte Figur zu verwandeln.

Brechts Theater: Gesellschaftlich verwertbare Erkenntnis

Brecht lehnte eine solche Theaterpraxis grundsätzlich ab. Sein Theater, das auf gesellschaftlich verwertbare Erkenntnis abzielt, soll das Bühnengeschehen der kritischen Prüfung durch den Zuschauer überlassen. Die Aktivität des Zuschauers soll sich nicht in einem ‚Theatererlebnis' erschöpfen, sondern auf dessen eigene gesellschaftliche Situation gelenkt werden können. Deshalb darf der Unterschied zwischen ‚Welt der Bühne' und ‚realer Welt' nicht überspielt, sondern er muss im Gegenteil besonders betont werden. Die Aufführungspraxis soll dem Zuschauer immer vor Augen halten, dass er einem künstlerischen Prozess beiwohnt, der eigens zu seiner kritischen Beurteilung inszeniert wird: Beleuchtungsquellen sollen sichtbar bleiben, in den Umbaupausen soll nur eine durchscheinende Gardine als Vorhang verwendet werden, damit sichtbar bleibt, dass umgebaut wird.

Aufführungspraxis zielt beim Zuschauer auf Kritik des Bühnengeschehens

Verfremdende Darstellung durch die Schauspieler

Besonderen Wert legte der Theaterpraktiker Brecht auf eine neue, den Verfremdungseffekt anwendende Schauspieltechnik. Der Schauspieler soll nicht bestrebt sein, sich restlos in die darzustellende Figur zu verwandeln, er soll vielmehr das Verhalten der Figur nur vorzeigen, sich bei diesem Agieren gleichsam selber beobachtend. So kann der Schauspieler den Zuschauer auch auf das Auffällige der gezeigten Figur verweisen und dabei die Erfahrung vermitteln, dass dieses Verhalten auch anders vorstellbar wäre, wodurch es kritisierbar wird.

Strukturelemente einer epischen Dramaturgie

KURZINFO

Die offene Dramaturgie des epischen Theaters

- Die Bühnenhandlung wird durch Einschübe, Szenen-Titel, Epigramme und Reflexionsdialoge unterbrochen, relativiert und kommentiert.
- Sie zielt nicht auf die individualisierende Darstellung eines einmaligen Ereignisses, sondern betont dessen Gleichnishaftigkeit („Parabelstück").
- Die einzelnen Szenen sind keine Bestandteile einer komplexen, auf den Ausgang der Handlung hinführenden Spannungskurve, sondern in sich abgeschlossene Bilder mit hohem Eigenwert.
- Die Schauspieler identifizieren sich nicht mit ihren Rollen, sondern zeigen deren gesellschaftliche Bedingtheit.

Brechts Theatertheorie fand ihren Niederschlag in der Dramaturgie der Stücke der Exil-Zeit. Unter Dramaturgie sollen hier alle Strukturprinzipien und Stilmittel eines Dramas verstanden werden. Brecht weicht ganz bewusst von wichtigen Strukturprinzipien der klassischen Dramenform ab, da diese auf den sich einfühlenden Zuschauer ausgerichtet ist. Die klassische Dramenform vermittelt die Suggestion einer geschlossenen Bühnenwelt, deren logische Struktur der Logik der realen Welt entspricht: Die zeitliche Ordnung der Bühnenereignisse entspricht der Ordnung realer Ereignisse, alle Teile der Handlung stehen in einem logischen Bezug zueinander, die Handlung vollzieht sich im Wesentlichen durch den Dialog der Bühnenfiguren, die nur im Rahmen der Bühnenwelt agieren.

Geschlossene Dramaturgie der klassischen Dramenformen

Die Handlung eines solchen ‚geschlossenen' Dramas weist zudem eine typische Spannungskurve auf, die auch eine emotionale Gespanntheit des Zuschauers hervorruft und ihn in der einfühlenden Haltung festhält. Diese Spannung löst sich erst am Schluss des Dramas, der auch gemäß dem logischen Bauprinzip mit dem Ende der Handlung zusammenfällt. Brecht ersetzt eine solche geschlossene Dramaturgie durch eine offene Dramaturgie, weil sein Theater statt Einfühlung die kritische Distanz des Zuschauers zum Bühnengeschehen anstrebt. Dass Brecht sein Theater als „episches Theater" bezeichnet, hat seinen Grund darin, dass epische Literatur (Erzählung, Novelle, Roman), zumindest in ihren tra-

Offene Dramaturgie des „epischen Theaters"

ditionellen Formen, ihre Handlung in sehr viel distanzierterer Form vermittelt als das klassische Drama. Epische Literatur bedient sich vielfach eines (fingierten) Erzählers. Dieser verfügt über eine gewisse Souveränität gegenüber dem, was er erzählt. Er erzählt von einem anderen Zeitpunkt aus als dem der erzählten Handlung, er kann die Ordnung des Erzählten umstellen (Rückblende), kann größere zeitliche und räumliche Sprünge in seiner Erzählung machen usw. Vielfach ergänzt der Erzähler das Erzählte noch durch Kommentare, Reflexionen, Bewertungen, die auch die Form einer direkten Ansprache an den Leser erhalten können, und rückt damit die Erzählhandlung in eine zusätzliche Perspektive. Brechts Stücke enthalten nun vergleichbare dramaturgische Mittel, die die Logik der Bühnenhandlung verfremden und das Gezeigte in eine kritische Distanz zum Zuschauer rücken.

Gestaltungsprinzipien des epischen Theaters

Relativierung der Handlung (z. B. Prolog, Szenen-Titel, Parabelform)

W. Hinck (1971) hat aufgrund vergleichender Analysen der Dramen der Exil-Zeit (*Leben des Galilei* ist nicht darunter!) wesentliche Gestaltungsmittel des epischen Theaters in einem systematischen Zusammenhang dargestellt. Die Handlung des Dramas wird im epischen Theater durch verschiedene Gestaltungsmittel relativiert, dem Zuschauer wird verdeutlicht, dass es nicht (oder nicht nur) um die dargestellten Ereignisse geht (Prolog, Szenen-Titel); der Charakter des Stücks als eines Modells zur Erkenntnis der gesellschaftlichen Wirklichkeit wird so unterstrichen. Manche Stücke sind durchgängig als Parabel konstruiert, die Bühnenhandlung als ganze ist ein Gleichnis und damit eine verfremdete Abbildung der realen Welt.

Unterbrechung der Handlung (Songs)

Distanzierung der Handlung (Erzähltechniken)

Die Handlung des epischen Theaters wird nicht in einer festgefügten Szenenfolge dargestellt, vielmehr öfters durch handlungsfremde Elemente (Songs) unterbrochen, die der Handlung eine oft widersprüchlich kommentierende und wertende Perspektive hinzufügen und dadurch die kritische Reflexion des Zuschauers provozieren. Die Handlung wird in eine Distanz zum Zuschauer gerückt dadurch, dass Brecht im Drama epische Techniken wie Rückblende verwendet, ja sogar in *Der kaukasische Kreidekreis* einen Erzähler als Bühnenfigur einführt, der die Handlung inszeniert und kommentiert. So wird das Bühnengeschehen dem Zuschauer als eine bewusst geplante theatralische Aktion kenntlich gemacht.

Entschlüsselung der Handlung (Publikumsansprachen)

Diese Wirkung wird verstärkt durch Gestaltungsmittel, die die Handlung für den Zuschauer entschlüsseln sollen. Brechts Bühnenfiguren wenden sich manchmal aus der Spielhandlung heraus an das Publikum und teilen ihre Gedanken, Erfahrungen und Absichten mit. Im Gegensatz zum Monolog des klassischen Dramas, der die Grenzen der Bühnenwelt meist nicht überschreitet, stellen solche Publikumsansprachen eine Verbindung zwischen der Welt der Bühne und der Lebenswelt des Zuschauers her. Der Zuschauer wird so indirekt aufgefordert, die Einsichten und Erfahrungen der Bühnenfiguren auf seine eigene Lebenswelt zu übertragen.

Fortsetzbarkeit der Handlung (das Drama als lockere Bilderfolge)

Die Handlung im epischen Theater ist potenziell fortsetzbar. Der Aufbau eines Dramas folgt nicht einer Logik der Handlungsentwicklung. An die Stelle einer festen Abfolge von Akten und Szenen, durch die eine in sich abgeschlossene Handlung gestaltet wird, tritt eine lockere Reihe von Bildern, die jeweils einen relativ hohen Eigenwert besitzen. Der Zuschauer soll nicht auf den Fortgang und Ausgang der Handlung gespannt sein, sondern kritisches Interesse für das Verhalten der Bühnenfiguren entwickeln. Das offene Ende mancher Stücke Brechts – die Handlung des Stücks könnte nach Fallen des Vorhangs noch weitergehen – hat seinen Grund in den Wirkungsabsichten seines Theaters. Es kommt nicht darauf an, dass die Handlung einen Abschluss erhält und damit eine Lösung erfährt, sondern dass der Zuschauer durch die Erkenntnisse, die ihm das Theater vermittelt, Lösungen für sein gesellschaftliches Handeln gewinnen kann.

Die drei verschiedenen Fassungen des Dramas

KURZINFO

Komplexe Entwicklungsgeschichte

- Die erste Fassung entstand im Exil während des Nationalsozialismus. Sie hebt daher vor allem auf die Fragestellung ab, wie sich in Zeiten der Unterdrückung und Verfolgung der revolutionäre Fortschritt der Gesellschaft bewahren und weitergeben lässt.
- Die zweite und dritte Fassung des Dramas enthalten gegenüber der ersten (dänischen) zahlreiche bedeutsame Änderungen (Streichung und Umstellung einzelner Szenen, Einführung neuer Nebenfiguren und Handlungselemente).
- Diese Änderungen bewirken vor allem ein verändertes Bild der Hauptfigur.
- Die zweite amerikanische Fassung betont den Aspekt des sozialen Verbrechertums und entlarvt die Galilei-Legende.
- Die dritte Berliner Fassung aus den Jahren 1954/55, die Druckfassung, steht unter dem Eindruck des Kalten Krieges und der verschärften atomaren Bedrohung.
- Darin unternahm Brecht vor allem sprachliche Änderungen, um die Widersprüche der Hauptfigur in den Vordergrund zu stellen, und hielt die Schauspieler bei den Probenarbeiten dazu an, diese Widersprüche bewusst zu zeigen.

Leben des Galilei ist das Stück Brechts mit der längsten und komplexesten Entwicklungsgeschichte. In einem Zeitraum von fast 20 Jahren hat Brecht das Stück mehrfach neu bearbeitet. Unangetastet blieb der Handlungsaufbau des Stücks, ganz unterschiedlich ist in den verschiedenen Fassungen Tendenz und Aussage. Die Umarbeitungen geschahen – dies ist typisch für Brechts an der Theaterpraxis orientierte Arbeitsweise – im Hinblick auf geplante Aufführungen des Dramas. Die Umarbeitungen lassen aber auch den sich ändernden zeitgeschichtlichen Hintergrund spürbar werden. Der Text der Druckfassung (dritte Fassung) von 1955 kann somit als Resultat der frühen Aufführungsgeschichte verstanden werden.

Erste Entwürfe und dänische Fassung

Erste Fassung: Dänemark Herbst 1938

Brecht schrieb die erste vollständige Fassung des Stücks – er lebte damals im Exil in Dänemark – im Oktober/November 1938. Das Stück entstand also zu einer Zeit, in der der Nationalsozialismus in Deutschland, vor dessen Verfolgung der Dichter schon 1933 die Heimat hatte verlassen müssen, sich auf einem Höhepunkt seiner Machtentfaltung und internationalen Anerkennung befand. Im März war Österreich kampflos an das Deutsche Reich angeschlossen worden. Am 1.10. war auch noch das Sudetenland dazugekommen, nachdem die Westmächte Großbritannien und Frankreich vor Hitlers Kriegsdrohungen zurückgewichen waren und auf der Münchner Konferenz Ende September ihre Garantie für die bestehenden Grenzen der Tschechoslowakei zurückgenommen hatten. Diese Erfolge, die dem Regime trotz seiner Terrormaßnahmen (Reichskristallnacht am 9.11.1938) die Zustimmung der überwiegenden Mehrheit der Deutschen einbrachte, mussten Brecht zutiefst deprimieren, hatte er doch seine Arbeit während der Emigrationszeit fast ganz in den Dienst des Kampfs gegen den Faschismus gestellt. Trotzdem ist es falsch zu glauben, Brecht habe jetzt resigniert und mit *Leben des Galilei* zu einem unpolitischen, bloß historischen Stoff Zuflucht genommen. Wenn das Stück in seiner Erstfassung auch weitgehend frei ist von zeitgeschichtlichen Bezügen, so behandelt es doch in historischem Gewand ein Problem, mit dem Brecht sich seit dem Heraufziehen des Faschismus ständig auseinandergesetzt hat: Wie lässt sich in Zeiten der Unterdrückung und Verfolgung die Wahrheit (des revolutionären Fortschritts der Gesellschaft) bewahren und weitergeben? Muss der Wissende, der auch Träger des gesellschaftlichen Fortschritts ist, dem herrschenden Unrecht auch bei Gefahr seines Lebens entgegentreten? Oder soll er sich anpassen, um sein Wissen für kommende Zeiten zu bewahren, so wie es in Brechts berühmter Keuner-Geschichte anklingt:

Thematischer Hintergrund des Stücks: Bewahren der Wahrheit in „finsterer Zeit" (vgl. Brechts Gedicht „An die Nachgeborenen", Z.1).

> „,Wer das Wissen trägt, der darf nicht kämpfen; noch die Wahrheit sagen; noch nicht essen; noch die Ehrungen ausschlagen; noch kenntlich sein. Wer das Wissen trägt, hat von allen Tugenden nur eine: daß er das Wissen trägt,' sagte Herr Keuner." (GW 12, 376)

Offenbar sollte diese Frage am Fall des Galileo Galilei exemplarisch untersucht werden; so trugen erste Entwürfe zu dem Stück noch den Untertitel „Lehrstück für Arbeiter". Von diesen ersten Skizzen her kann vermutet werden, dass Brecht anfangs durchaus mit dem Gedanken gespielt hat, Galilei als Widerstandskämpfer im Sinne der Keuner-Geschichte zu zeigen, dessen Widerruf nur eine List war, sein Wissen vor dem Zugriff der Mächtigen zu bewahren. Diese Tendenz kommt noch in dem ursprünglichen Titel des Stücks „Die Erde bewegt sich" zum Ausdruck, der ja ganz bewusst auf die ‚Galilei-Legende' Bezug nimmt.

Widerruf als menschliches Versagen

In der ersten Fassung vom Herbst 1938, von der Brecht wenige Wochen später eine in einigen Details abweichende Abschrift herstellt, die erstmals den Titel *Leben des Galilei* trägt, ist diese Tendenz jedoch nicht mehr eindeutig. Galilei, der überragende Träger des Wissens, wird auch als ein schwacher Mensch gezeigt, der in einer entscheidenden Situation den gesellschaftlichen Zwängen nicht zu widerstehen vermochte. Brecht, der sich intensiv mit dem Leben und Werk Galileis und naturwissenschaftlichen Problemen befasst hat, folgt mit dem Handlungsaufbau, der in allen Fassungen unverändert blieb, sehr genau den historischen Tatsachen. Die Ereignisse zahlreicher Bilder sind historisch belegt (2, 3, 4, 6, 7, 13), andere zumindest historisch denkbar (1, 9, 11, 14). Aus dramaturgischen Gründen nimmt Brecht allerdings einige Änderungen vor, so wenn er das Urteil von Pater Clavius, das in Wahrheit brieflich übermittelt wurde, vom Jahr 1611 in das Jahr 1616 verlegt, um die Bilder 6 und 7 unmittelbar miteinander konfrontieren zu können. Es sind allerdings aus dem 17. Jahrhundert keine lyrischen Texte bekannt, in denen das Fernrohr als Instrument der Gesellschaftskritik vorkäme (10. Bild).

Handlungsaufbau folgt den historischen Tatsachen

In der Gestaltung der einzelnen Bilder weist die erste Fassung jedoch erhebliche Unterschiede zur dritten Fassung, der Druckfassung, auf. Bei der folgenden Übersicht der wichtigsten Unterschiede wird zur besseren Vergleichbarkeit die Nummerierung der Bilder nach der Druckfassung beibehalten:

Unterschiede der Erstfassung gegenüber der Druckfassung

- Im 1. Bild ist es nicht Ludovico, sondern der angehende Theologe Doppone, der Galilei die Nachricht vom Fernrohr aus Holland bringt; Galilei erkennt sofort den materiellen Wert des Instruments.
- Die Szenenabblende wird im 3. Bild nicht während des Rechenvorgangs eingesetzt, sondern erst danach, bevor Virginia zur Frühmette geht.

- Im 4. Bild fehlt die Gestalt des Linsenschleifers Federzoni.
- Im 7. Bild hat das Gespräch zwischen Galilei und den Kardinälen eher den Charakter eines wissenschaftlichen Disputs mit sachlichen Argumenten.
- Der Galilei des 8. Bildes verfügt nicht über so präzise politisch-historische Einsichten wie in der dritte Fassung.
- Im 9. Bild entspringt die Entfremdung zwischen Virginia und Ludovico nicht aus einem Konflikt zwischen Galilei und seinem ‚Schwiegersohn'. Virginia gibt hier Ludovico ihren Verlobungsring zurück, weil sie spürt, dass Galilei einen Schwiegersohn, der Angst vor der Macht der Kirche hat, nicht akzeptiert.
- Die Ballade des 10. Bildes hat einen weniger gesellschaftskritischen Ton.
- Im 11. Bild fehlt die Figur des Eisengießers Vanni.

Das 14. Bild in der Erstfassung

Eine ganz andere Gestalt hatte das 14. Bild: Der alte Galilei wird von einem Beamten der Inquisition und seiner Tochter scharf bewacht. Trotzdem konspiriert er, wenn auch erfolglos, mit einem Hafner, der angeblich den Kamin richten soll, um das Manuskript der *Discorsi* ins Ausland zu schmuggeln. Einem Arzt gegenüber, der seine Sehkraft prüfen soll, stellt er sich blind. Anschließend lässt er sich von Virginia Gedanken des Philosophen Montaigne, der nicht an das Denken glaubt, vorlesen, wehrt sich aber gegen dessen ‚Kapitulations-Haltung'. Es folgt die Unterredung mit Andrea. Auch in der ersten Fassung dieses Gespräches geht es zuerst um die Auswirkungen und die wahren Motive von Galileis Widerruf. Galilei gibt hier zu verstehen, dass er nicht aus List, sondern aus Angst vor Folter und Tod abgeschworen hat; er ist aber trotz der Anwesenheit seiner Tochter, die hier erst ganz am Ende des Dialogs den Raum verlässt, immer wieder bestrebt, bestätigt zu erhalten, dass sein Versagen keine negativen Folgen für den Fortgang der Wissenschaft gehabt hat. Galilei erscheint hier nicht, wie dies die dritte Fassung nahelegt, als ein zynischer alter Mann, der allein noch aus Gewohnheit und durch die Schärfe seines analytischen Verstandes mit der Welt der Wissenschaft verbunden ist, sondern als ein Mensch, der von der Macht der Inquisition gebrochen wurde, gleichwohl Scham und Reue für dieses Versagen empfindet und sich aus Verantwortung, obwohl immer noch Wissenschaftler, selber aus dem Bereich der Wissenschaft ausschließt. Seine Selbstverurteilung, die hier in der Mitte des Gesprächs mit Andrea steht, hat aber noch nicht die gesellschaftskritische Schärfe der dritten Fassung:

> GALILEI Ich habe mir in freien Stunden, deren ich viele habe, überlegt, wie in den Augen der wissenschaftlichen Welt, der ich ja nicht mehr angehöre, wenn ich auch noch einige ihrer Gedankengänge kenne, mein Verhalten erscheinen muß. (*Akademisch sprechend, die Hände über dem Bauch gefaltet.*) Sie wird zu erwägen haben, ob sie sich damit begnügen kann, daß Ihre Mitglieder an sie eine bestimmte Anzahl von Sätzen abliefern, sagen wir über die Tendenzen fallender Körper oder die Bewegungen gewisser Gestirne. Ich habe mich, wie erwähnt, von der Denkweise der Wissenschaft ausgeschlossen, jedoch nehme ich an, daß sie bei Gefahr der Vernichtung nicht imstande sein wird, ihren Mitgliedern alle weitergehenden Verpflichtungen zu erlassen. Z. B. die Verpflichtung, an der Aufrechterhaltung ihrer selbst als Wissenschaft mitzuarbeiten. Selbst ein Wollhändler muß, außer billig einzukaufen und solide Wolle zu liefern, auch noch darum besorgt sein, daß der Handel mit Wolle überhaupt erlaubt ist ... Demzufolge kann ein Mitglied der wissenschaftlichen Welt logischerweise nicht auf seine etwaigen Verdienste als Forscher verweisen, wenn er versäumt hat, seinen Beruf als solchen zu ehren und zu verteidigen gegen alle Gewalt. Dies ist aber ein umfangreiches Geschäft. Denn die Wissenschaft beruht darauf, daß man die Fakten nicht den Meinungen unterwerfen darf, sondern die Meinungen den Fakten unterwerfen muß. Sie ist nicht in der Lage, diese Sätze einschränken zu lassen und sie nur für ‚einige Meinungen' und ‚die und die Fakten' aufzustellen. Um sicher zu sein, daß diese Sätze allzeit uneingeschränkt von ihr vollzogen werden können, muß die Wissenschaft dafür kämpfen, daß sie auf allen Gebieten geachtet werden. Die Wissenschaft befindet sich nämlich mit der gesamten Menschheit in einem Boot. So kann sie nicht etwa sagen: Was geht es mich an, wenn am andern Ende des Bootes ein Leck ist! Sie steht so für die Vernunft, welche eine zu große Sache ist, als daß sie je in einem Kopf Platz hätte. Die Vernunft ist eine Sache, in welche die Menschen sich teilen. Sie kann als die Selbstsucht der gesamten Menschheit bezeichnet werden. Die Wissenschaft kann Menschen, die es versäumen, für die

> Vernunft einzutreten, nicht brauchen. Sie muß sie mit Schande davonjagen, denn sie mag so viele Wahrheiten wie immer wissen, in einer Welt der Lüge hätte sie keinen Bestand. Wenn die Hand, die sie füttert, ihr gelegentlich und ohne Warnung an die Gurgel greift, wird die Menschheit sie abhauen müssen. Das ist der Grund, warum die Wissenschaft einen Menschen wie mich nicht in ihren Reihen dulden kann. (Zit. nach: E. Schumacher, *Drama und Geschichte*, 1965, S. 13–37, hier S. 33 f.)

Erst jetzt gesteht er Andrea, er habe die *Discorsi* zu Ende geschrieben, und es wird klar, wie besorgt der alte Mann um sein Werk ist:

> GALILEI Ich erliege immerfort der Versuchung. Ich wollte es nicht, aber ich tue es. Ich bin ein Sklave meiner Gewohnheiten, und meine Strafe wird einmal hart sein.
>
> ANDREA (*weint*)
>
> GALILEI Sagtest du etwas? Ich lebe nun in ständiger Furcht, in ständiger Furcht, daß diese Schrift irgend wie in unrechte Hände kommen und im Ausland gelesen werden könnte, wo man die außerordentlich gewichtigen Argumente der Inquisition nicht so kennt wie ich und also aus meinen Ausführungen völlig irrige Schlußfolgerungen ziehen könnte. (Ebd.)

Er bittet Andrea mehrfach indirekt, die Schrift mitzunehmen, ihn zu enteignen, auch dadurch, dass er selber, Galilei, der sich als Lügner entpuppt habe, nicht als Autor genannt werde.
Nach Übergabe des Manuskripts an Andrea, gibt Galilei noch einen Ausblick auf die Zukunft der Vernunft, die eine zu große Sache sei, als dass sie in einem einzigen Kopf Platz hätte:

> „Aber selbst ein Mensch wie ich kann ja noch sehen, daß die Vernunft nicht am Ende ist, sondern am Anfang. Ich bleibe auch dabei, daß dies eine neue Zeit ist. Sollte sie aussehen wie eine blutbeschmierte alte Vettel, dann sähe eben eine neue Zeit so aus! Der Einbruch des Lichts erfolgt in allertiefster Dunkelheit. Während an einigen Orten die größten Entdeckungen gemacht werden, welche die Glücksgüter der Menschen unermeßlich vermehren müssen, liegen große Teile dieser Welt ganz im Dunkeln. Die Finsternis hat dort sogar noch zugenommen! Nimm dich in acht, wenn du durch Deutschland fährst und die Wahrheit unter dem Rock trägst." (Ebd., S. 35)

Die letzten Sätze müssen sicherlich als eine Anspielung auf die politische Situation des Jahres 1938 verstanden werden.

Brecht hat dem fertigen Stück, das aufgrund der Zeitumstände jahrelang keine Uraufführungsbühne fand, anfangs wenig Beachtung geschenkt. Er fand, es sei „technisch ein großer rückschritt“, man müsse es völlig neu schreiben „ohne die interieurs, die ‚atmosphäre‘, die einfühlung“ (AJ 25. 2. 1939). Uraufgeführt wurde die erste Fassung am 7. 9. 1943 am Zürcher Schauspielhaus, Brecht lebte damals schon seit über zwei Jahren im amerikanischen Santa Monica. Die Zürcher Aufführung zeigte, in den Augen der Theaterkritik, einen Galilei, der durch das Entstehen der *Discorsi* letztlich doch als Sieger aus dem Schauspiel hervorgeht.

Uraufführung 1943: Die „Moral des Stücks“ beunruhigt Brecht

Von dieser ‚Moral des Stücks‘ zeigt sich Brecht 1944, als Pläne für eine amerikanische Aufführung entstanden, sehr viel mehr beunruhigt als von ‚formalen Schwächen‘.

Die Entstehung der amerikanischen Fassung

Brecht sah Galilei jetzt kritischer:

> „g. gab den eigentlichen fortschritt preis, als er widerrief. er ließ das volk im stich, die astronomie wurde wieder einfach domäne der gelehrten, unpolitisch, isoliert, die kirche trennte diese ‚probleme‘ des himmels von denen der erde, festigte ihre herrschaft und erkannte danach die neuen lösungen bereitwillig an.“ (AJ 6. 4. 1944)

Der Entstehungsprozess der zweiten Fassung

Im Dezember 1944 begann Brecht gemeinsam mit dem Schauspieler Charles Laughton, der eine Aufführung in den USA zustande bringen wollte, mit einer grundsätzlichen Überarbeitung des Stücks. Dieser gemeinsame Arbeitsprozess, der Ende 1945 abgeschlossen wurde, war ein sehr komplexer Vorgang. Brecht übersetzte den Text Satz für Satz ins Englische, das er nur unvollkommen beherrschte. Laughton, der kein Deutsch verstand, prüfte die Sätze durch ‚Vorspielen‘ und korrigierte dann mit Brecht den Text so lange, bis Formulierungen gefunden waren, die dem Zuschauer den Sinn des in der theatralischen Situation gesprochenen Satzes klar verständlich werden ließ. Dabei wurde die szenische Auslegung der Hauptfigur durch den Schauspieler Laughton zum

Kriterium weitreichender Veränderungen. Laughton war – „getrieben von seinem theatralischen instinkt", wie Brecht notiert – von der Darstellung der verbrecherischen Dimension der Galilei-Figur fasziniert, was vor allen Dingen in der Neugestaltung des 14. Bildes seinen Niederschlag fand. Galileis Selbstverurteilung erfolgte jetzt erst nach Übergabe der *Discorsi*, konnte also dadurch nicht wieder aufgewogen werden. Positive Züge Galileis und der Handlung entfielen („Rede auf die neue Zeit" im 1. Bild, das gesamte 5. und 15. Bild); der soziale Verbrecher Galilei erhielt auch durch die Veränderung anderer Abschnitte schärfere Konturen (Vorverurteilung seines eigenen Verhaltens im 9. Bild, Gespräch mit Vanni, damals noch „Matti", im 11. Bild). Auch die Ludovico-Figur, die jetzt schon im 1. Bild eingeführt wird, gewann ein gesellschaftliches Profil, wodurch sich der Konflikt des 9. Bildes verschärfte.

Der „soziale Verbrecher" Galilei entsteht

Der Bearbeitungsprozess mit dem ‚unpolitischen' Laughton erbrachte ein überraschendes Ergebnis:

> „häufig führte die aus ästhetischen gründen vorgenommene änderung zu einer politischen verschärfung und l. war jedesmal sehr zufrieden hiermit." (AJ 10.12.1945)

Das Stück erhielt jetzt den Charakter der Entlarvung der ‚Galilei-Legende'. Dieser Eindruck wurde teilweise noch verstärkt durch die Epigramme, die Brecht hinzufügte und die von Hanns Eisler vertont wurden.

Entlarvung der GalileiLegende

Während der Zeit der Zusammenarbeit mit Laughton kam es am 6. und 8. 8. 1945 zu den Atombombenabwürfen von Hiroshima und Nagasaki.

Der Atombombenabwurf von Hiroshima

> „Von heute auf morgen las sich die Biographie des Begründers der neuen Physik anders. Der infernalische Effekt der großen Bombe stellte den Konflikt des Galilei mit der Obrigkeit seiner Zeit in ein neues, schärferes Licht." (GW 17, 1106)

Zwar kann das neue ‚Galilei-Bild' der zweiten Fassung nicht als Resultat und Reflex dieser Ereignisse betrachtet werden, aber der Fall Galilei konnte doch jetzt als Sündenfall der Wissenschaft gelesen werden, der schließlich zur Atombombe führen musste.

Auswirkung auf die Deutung des Stücks

Dies kommt auch im neu geschriebenen Prolog der amerikanischen Aufführungen zum Ausdruck (zit. nach: Materialien, 1963, S. 38 f.):

Verehrtes Publikum der Breiten Straße
Wir laden Sie heute in die Welt der Kurven und Maße
Zu entschleiern vor Ihrem Kennerblick
Die Geburtsstunde der Physik.
Sie sehen das Leben des großen Galileo Galilei.
Den Kampf des Fallgesetzes mit dem gratias dei
Der Wissenschaft mit der Obrigkeit
An der Schwelle der Neuzeit.
Sie sehen die Wissenschaft jung und drall
Und Sie sehen ihren Sündenfall.
Noch ist das Wahre nicht die Ware
Doch hat es schon dies Sonderbare
Daß es die vielen nicht erreicht
Und macht ihr Leben schwer statt leicht.
Solche Betrachtung scheint uns heut aktuell
Die Neue Zeit verrinnt besonders schnell –
Wir hoffen, Sie leihen Ihr geneigtes Ohr
Wenn nicht uns, so doch unserm Thema, bevor
Infolge der nicht gelernten Lektion
Auftritt die Atombombe in Person.

Reservierte Aufnahme der amerikanischen Inszenierung

Die beiden amerikanischen Aufführungen mit Laughton in der Titelrolle, die in kleinen Privattheatern in Beverly Hills (Juli 1947) und New York (Dezember 1947) gezeigt wurden, fanden wenig Resonanz beim Publikum. Die Theaterkritik war, gerade wegen der Entlarvung der Galilei-Legende, aber auch wegen der distanzierten, epischen Spielweise der Schauspieler, sehr reserviert.

Die dritte (Berliner) Fassung und Brechts Aufführungspläne

Entstehung der dritten Fassung

Nach seiner Rückkehr aus dem Exil 1947 und seiner Übernahme des (Ost-)Berliner Ensembles hat Brecht die Möglichkeit erhalten, seine Vorstellung von einem neuen, episch-dialektischen Theater in praktische Theaterarbeit einfließen zu lassen. Erst relativ spät (1953/54) hat er sich auch wieder dem Galilei-Stück zugewendet und seine Mitarbeiter gebeten, aus den beiden vorliegenden Fassungen eine neue Bühnenfassung zu erstellen, die er dann für die geplante Berliner Inszenierung des Stücks noch bearbeitet hat. Diese Berliner Fassung, die mit der Druckfassung weitgehend identisch ist, wurde allerdings zuerst in der Bundesrepublik, am 16.4.1955 im Kölner Schauspielhaus, aufgeführt. Erst am 15.1.1957, fünf Monate nach Brechts Tod, erfolgte die Berliner Premiere mit Ernst Busch in der Titelrolle.

Zeitgeschichtlicher Hintergrund der dritten Fassung

Inzwischen war die Zeit des Kalten Krieges ausgebrochen, und die Bedrohung der Menschheit durch die Atombombe hatte durch die Entwicklung der Wasserstoffbombe und den Verlust des US-amerikanischen Atombombenmonopols eine neue Dimension erhalten. Ob aktuelle Ereignisse dieser Jahre – der Prozess gegen den Physiker Oppenheimer, dem Sympathien für den Kommunismus vorgeworfen wurden, oder die Hinrichtung der Atom-Spione Rosenberg in den USA – der Anlass für Brecht waren, an eine Inszenierung des Galilei-Stücks zu gehen, kann nicht mit Sicherheit gesagt werden. Dass jedoch im Zeichen der verschärften atomaren Bedrohung die soziale Verantwortung des Wissenschaftlers ein Gesichtspunkt blieb, unter dem das Stück betrachtet werden sollte, klingt in einer Textstelle an, um die Brecht jetzt Galileis Rede im 14. Bild ergänzte:

> „Hätte ich widerstanden, hätten die Naturwissenschaftler etwas wie den hippokratischen Eid der Ärzte entwickeln können, das Gelöbnis, ihr Wissen einzig zum Wohle der Menschheit anzuwenden! Wie es nun steht, ist das Höchste, was man erhoffen kann, ein Geschlecht erfinderischer Zwerge, die für alles gemietet werden können." (S. 126)

Veränderungen gegenüber der zweiten Fassung

Die Veränderungen der dritten gegenüber der zweiten Fassung sind nicht sehr groß, beschränken sich meist auf stilistische Verbesserungen. Obschon so die Tendenz erhalten bleibt, Galilei als sozialen Verräter zu zeigen, fügt Brecht wieder bereits gestrichene Textstellen ein, in denen Galilei als große und charakterfeste Persönlichkeit erscheint (etwa die Rede auf die neue Zeit).

Probenarbeit zu einer widersprüchlichen Theaterfigur

Den widersprüchlichen Charakter Galileis hat Brecht auch auf den Proben zur Berliner Aufführung, die er vom 14.12.1955 bis 27.3.1956 noch selber leitete, zu betonen versucht. Galilei sollte als ‚Held der Wissenschaft' und zugleich als ‚sozialer Verräter' gezeigt werden. Um dies zu erreichen, brachte Brecht E. Busch und seine Mitspieler dazu, bei den Proben zu dem wichtigen 14. Bild zuerst alle Akzente auf die moralische Verkommenheit Galileis zu legen. Er sollte seine ‚mörderische Analyse' als einen letzten Beweis seines brillanten Gehirns zynisch genießen. Dann wieder, bei anderen Proben, versuchte er die positiven Züge der Figur herauszuarbeiten. Dieses Verfahren machte den Schauspielern die Widersprüche klar, die sie in ihrer Einheit dem Zuschauer zu zeigen hatten.

Leben des Galilei im Lichte von Brechts Theatertheorie

Brecht hat 1939 *Leben des Galilei* aus ästhetischen Gründen kritisiert, in seinen Bearbeitungen des Dramas aber primär dessen Tendenz verändert, wodurch das Stück eine vielschichtigere Thematik erhalten hat. Auf diesem Hintergrund lässt sich die Komposition der dritten Fassung als eine Synthese von aristotelischer (geschlossener) und nicht-aristotelischer (offener) Dramenform beschreiben.

Sonderstellung in Brechts Dramenproduktion: Elemente offener und geschlossener Dramaturgie

Epische Strukturelemente

KURZINFO

***Leben des Galilei:* Integration neuer Strukturelemente des epischen Theaters in die traditionelle Dramenform**

- Die historische Handlung des Galilei-Dramas wird um eine reflektierende und kommentierende Perspektive ergänzt.
- Die Kommentierung geschieht jedoch weitgehend im Rahmen der kontinuierlichen Bühnenhandlung.
- Es fehlen viele für andere Stücke Brechts typische handlungsfremde Elemente.
- Ebenso fehlt die prinzipielle Offenheit der Handlung: Eine Fortsetzung des Stückes über die Vollendung von Galileis Lebenswerk in der Verbannung hinaus ist nicht denkbar.

Im Vergleich zu anderen Stücken Brechts aus der Zeit des Exils enthält *Leben des Galilei* nur wenige formale Gestaltungsmittel des epischen Theaters. Eine Relativierung der Handlung erfolgt nur ansatzweise, etwa in den Epigrammen zum 2. und 13. Bild; im Gegensatz zur amerikanischen Fassung entfiel der Prolog. Die Handlung wird auch nicht durch handlungsfremde Elemente (Songs) unterbrochen und verfremdet. Handlungsdistanzierende Gestaltungsmittel (Erzähler usw.) sind nicht vorhanden. Eine Entschlüsselung der Handlung durch Formen der direkten oder indirekten Zuschaueransprache der Bühnenfiguren erfolgt (scheinbar) nicht. Eine Fortsetzbarkeit der Handlung ist angesichts des alten verbitterten Galilei im 14. Bild kaum vorzustellen. Der Eindruck einer geschlossenen Dramaturgie wird

Nur wenige formale Gestaltungsmittel des epischen Theaters

noch durch den Aufbau der Handlung und die vielfache Verklammerung der einzelnen Bilder verstärkt.

Trotzdem weist das Stück auch Züge einer epischen Dramaturgie auf, die jedoch in die traditionelle Dramenform hineingenommen werden. Die Handlung wird durch eine reflektierend-kommentierende Perspektive ergänzt und verfremdet; dies geschieht jedoch im Rahmen der Handlung selber, durch die zahlreichen Reflexionsdialoge der Bühnenfiguren (Bild 3, 8, 12). Das 14. Bild mit der ‚mörderischen Analyse' Galileis, bei der er gleichsam über sein eigenes Verhalten zu Gericht sitzt, wirkt wie ein Kommentar zu der Handlung der Bilder 1–13. Auch hier kann also, durch den Gegensatz verschiedener Schichten der Handlung, verstärkt noch durch die kommentierende Funktion der Epigramme, ‚Verfremdung' im Sinne einer kritischen Erkenntnis des Zuschauers erreicht werden. Verfremdung bewirkt auch das Prinzip des Widerspruchs, das generell und auf verschiedenen Ebenen die Komposition des Stücks durchzieht. Man mag dieses Prinzip ‚dialektisch' nennen, wie Brecht ja auch seit 1948 vom „Dialektischen Theater" gesprochen hat, wenn damit gemeint ist, dass Widersprüche vom Zuschauer in ihrer Einheit durchschaut werden sollen.

Verfremdung durch mehrere Schichten der Handlung

Widerspruch als Erkenntnis provozierendes Strukturprinzip

Dies lässt sich am ‚widersprüchlichen' Bauprinzip der Bilder (Parallele und Kontrast) beispielhaft zeigen: Durch die Anordnung der Bilder wird nicht nur die Bestätigung von Galileis Lehren durch die Kirche (6. Bild) mit dem Verbot seiner Lehren (7. Bild) konfrontiert, sondern auch verdeutlicht, dass die Kirche die Lehren des Kopernikus verbietet, weil sie ihre Wahrheit anerkannt hat. Die Einheit beider gegenläufiger Handlungen lässt die Kirche in ihrem wahren Wesen, als gesellschaftliche Macht, erscheinen. Ähnliche Überlegungen ließen sich zu anderen Bildern (10./11. Bild; 2./4. Bild, wobei hier auch das Fernrohr als dialektisches Symbol von Bedeutung ist) anstellen.

Bauprinzip „Parallele/ Kontrast" als dialektischer Widerspruch

Verfremdung und Sprachgestaltung

KURZINFO

Verfremdungseffekte in der sprachlichen Gestaltung
- Antithetische Strukturen
- Kontrast widersprüchlicher Bedeutungsfelder
- Koppelung von heterogenen Leitmotiven
- Kontrast Rede - Handlung
- Verfremdete Bibel-Zitate

Antithetik von Begriffen und Sätzen

Die sprachliche Ebene ist von Widersprüchen, Gegensätzen und Kontrasten geprägt. Begriffe erscheinen in enger Verknüpfung mit ihrem Gegenteil: „[...] die alte Zeit ist herum, und es ist eine neue Zeit" (S. 9) sowie: „Sollen wir die menschliche Gesellschaft auf den Zweifel begründen und nicht mehr auf den Glauben?" (S. 105). Manche Sätze erhalten eine antithetische Struktur:

> „Viele Gesetze, die weniges erklären, während die neue Hypothese wenige Gesetze hat, die vieles erklären." (S. 21)

Selbst Rede und (verzögerte) Gegenrede stehen sich als These und Antithese gegenüber:

> ANDREA Unglücklich das Land, das keine Helden hat. [...]
> GALILEI Nein. Unglücklich das Land, das Helden nötig hat. (S. 113 f.)

Logischer Widersinn

Sprachlicher Widerspruch kann als ‚Widersinn' erscheinen. Wenn Ludovico im 9. Bild sagt:

> „Vergessen Sie nicht ganz, daß diese Bedauernswerten [die Bauern] in ihrem vertierten Zustand alles durcheinanderbringen. Sie sind wirkliche Tiere, Sie können sich das kaum vorstellen. Auf das Gerücht, daß auf einem Apfelbaum eine Birne gesehen wurde, laufen sie von der Feldarbeit weg, um darüber zu schwatzen" (S. 91),

Zusammenfügen scheinbar unvereinbarer Bedeutungsfelder

entlarvt sich die Aussage durch das nachfolgende Beispiel, das die Intelligenz der Bauern bestätigen würde, selbst als falsch. Auch das Zusammenfügen scheinbar unvereinbarer Bedeutungsfelder ermöglicht unausgesprochene Einsichten; so lässt die Verbindung von Philosophie und „Verkaufbarkeit" (Priuli) die gesellschaftliche Rolle der Philosophie, die Macht der Mächtigen zu legitimieren und damit zu bewahren, deutlich werden.

Metaphern als Leitmotive

Eine ähnliche Funktion haben bestimmte Metaphern, die wie Leitmotive immer wieder im Stück auftauchen. So erscheint „Milch“ als Metapher für den Bereich des Materiellen, Sinnlichen, Gesellschaftlichen immer in enger Verbindung mit dem Bereich des Geistig-Wissenschaftlichen:

> „Stell die Milch auf den Tisch, aber klapp kein Buch zu." (S. 7)
> „Dazu, daß man es begreift, arbeite ich und kaufe die teuren Bücher, statt den Milchmann zu bezahlen." (S. 11)
> „Zwei Knäblein, so geht die Mär, empfingen Milch und Zuflucht von einer Wölfin. Von der Stunde an müssen alle Kinder der Wölfin für ihre Milch zahlen. Aber dafür sorgt die Wölfin für alle Arten von Genüssen, himmlische und irdische; von Gesprächen mit meinem gelehrten Freund Bellarmin bis zu den drei oder vier Damen von internationalem Ruf." (S. 67)
> „Der Kampf um die Meßbarkeit des Himmels ist gewonnen durch Zweifel; durch Gläubigkeit muß der Kampf der römischen Hausfrau um Milch immer aufs neue verlorengehen." (S. 125)

Komik und Verfremdung

Ein anderes Leitmotiv ist das Sehen, verstanden als Durchschauen von wissenschaftlichen und gesellschaftlichen Zusammenhängen; ein Sehen, das als vernünftiges, nach Begründung fragendes Sehen dem bloßen Glotzen gegenübersteht. Komisch und verfremdend zugleich wirkt das Spiel mit doppelten Bedeutungen:

> DER KURATOR Aber es wird Ihnen vielleicht doch nicht angenehm sein, wenn der Herr hört, was vorgefallen ist. Es ist leider etwas ganz und gar Unglaubliches.
> GALILEI Herr Sagredo ist es gewohnt, in meiner Gegenwart Unglaublichem zu begegnen, wissen Sie. (S. 29)

Diesen doppelten Aspekt hat auch der Gegensatz von Rede und Handlung. Wenn der sehr alte Kardinal im 6. Bild, nachdem er überheblich gesagt hat, es kommt „unwiderleglich alles an auf mich, den Menschen“, zusammenbricht, dann wird dadurch auch die Ideologie als brüchig entlarvt, der er seine Überheblichkeit verdankt.

Bibel-Zitate

Auffallend ist die Häufigkeit der Verwendung von Zitaten meist biblischen Ursprungs. Ein Verfremdungseffekt entsteht hier dadurch, dass die ursprünglich religiöse Dimension der Zitate mit einem gesellschaftlich-politischen Sinnzusammenhang konfrontiert wird, was beispielhaft im Zitatenduell des 7. Bildes zum Ausdruck kommt.

Der gesellschaftliche Gestus der Nebenfiguren

KURZINFO

Widersprüchliche Verhaltensweisen und Rollenzwänge

- Entsprechend dem zentralen Konflikt des Galilei-Dramas stehen sich Repräsentanten der alten und der neuen Weltordnung gegenüber.
- Ihre Anordnung verdeutlicht die soziale Tiefenstruktur des Konflikts.
- Ihr Verhalten ist teilweise durch die Verhaltensweisen des Protagonisten ihnen gegenüber geprägt.

Verhalten und Sprache einiger Nebenfiguren erscheinen in der dritten Fassung stärker als in der Erstfassung durch ihre gesellschaftliche Rolle bestimmt. Dies wird besonders deutlich an Ludovico Marsili, der sein Verhalten im 9. Bild ganz an den Interessen seines Standes, der Gutsbesitzerschicht, ausrichtet. Seine Sprache ist betont höflich und distinguiert; statt persönlicher Gefühle und Einschätzungen äußert er allgemeine, an gesellschaftlichen Konventionen orientierte Urteile: „Meine Frau wird auch im Kirchenstuhl unserer Dorfkirche Figur machen müssen.“ (S. 89) Bezeichnenderweise beruft er sich ständig, statt eigene Ansichten zu äußern, auf „die Mutter“.

Ludovico, der Gutsbesitzer-Sohn

Der Eisengießer Vanni im 11. Bild erscheint ganz als Repräsentant des den gesellschaftlich-politischen Fortschritt tragenden Bürgertums. – Priuli, der Beamte der Republik, ist zutiefst von der Logik des ‚freien Marktes‘ überzeugt, die in seinen Worten den Charakter eines Naturgesetzes gewinnt („Skudi wert ist nur, was Skudi bringt“, S. 18). Die Rücksichtslosigkeit dieses ‚Gesetzes‘, die Galilei zu spüren bekommt (1. Bild), sucht er durch eine ‚Ethik des Handels‘ und eine Idealisierung der bürgerlichen Freiheit der Wissenschaft zu überdecken. Sein Verständnis von Freiheit bleibt widersprüchlich: Da für die bürgerliche Schicht Venedigs wissenschaftliche Forschung Bedeutung nur im Zusammenhang mit ökonomischem Profit gewinnt, muss die Forschung einerseits wirklich frei sein, ihre effizienten Methoden der Welterkenntnis und -beherrschung anzuwenden, kann aber nicht frei sein in der Wahl ihrer Forschungsaufgaben.

Der Bürger Vanni

Priulis widersprüchlicher Freiheitsbegriff

Auch der ‚soziale Gestus‘ der Vertreter der hohen Geistlichkeit (Barberini, Bellarmin, Inquisitor) lässt sich als Einheit von Widersprüchen beschreiben. Sie sind zu-

Hohe Geistlichkeit: Wissenschaftler und Repräsentanten der Macht

gleich wissenschaftlich gebildete Männer oder sogar selber Wissenschaftler und Vertreter einer Kirche, die wissenschaftliche Lehren als Ketzerei verbietet. Barberini und Bellarmin erscheinen als aufgeklärte Männer, die ‚mit der Zeit gehen' wollen (vgl. S. 66), als geistreich-witzige Plauderer, die nur bisweilen hinter der Maske ihrer Freundlichkeit etwas von ihrem Machtanspruch aufblitzen lassen. Auch der Inquisitor, der ganz offen, sogar mit leisem Spott auf die wahren Ursachen des Dekrets zu sprechen kommt (vgl. S. 72), ist alles andere als ein fanatischer Kämpfer gegen den Unglauben, wie seine Amtsbezeichnung vermuten lassen könnte. Das Verhalten der ‚geistlichen Herren', dies macht das 12. Bild besonders deutlich, ist Ausdruck einer Logik des Machterhalts, der eine Einsicht in die gesellschaftliche Sprengkraft der neuen Wissenschaft zugrunde liegt.

Karikatur der Hofgelehrten

Auch die Hofgelehrten des 4. Bildes, dies hat Brecht bei den Berliner Theaterproben besonders deutlich herauszuarbeiten versucht, sind durch einen sozialen Gestus geprägt. Ihre geschraubte Diktion und ihr prätentiöses Gehabe sind nicht nur Karikatur eines Gelehrtentyps, der durch die neue Wissenschaft geschichtlich überholt ist, sondern auch Ausdruck der historisch überholten höfischen Lebensform.

Figurenkonstellation

Den Repräsentanten der ‚alten Ordnung' stellt Brecht jeweils andere Figuren, die für die neue Zeit stehen, gegenüber:

Die Hofgelehrten	– Linsenschleifer Federzoni
Die (großen) Kirchenfürsten	– Der kleine Mönch Fulganzio
Ludovico, der ‚Schwiegersohn'	– Andrea, der ‚geistige Sohn'

Auch diese Figuren sind durch ihren gesellschaftlichen Gestus charakterisiert, erscheinen dabei aber ebenfalls in sich widersprüchlich. Federzoni ist „Linsenschleifer und Gelehrter" (S. 45). Er ist Vertreter einer gesellschaftlich produktiven Schicht, des Handwerkerstandes, geprägt von einer pragmatisch-realistischen Einschätzung der Dinge – er hält einen Widerruf Galileis immerhin für möglich im 13. Bild – und gerade deshalb Träger eines neuen, gesellschaftlich produktiven Wissens.

Federzoni: Handwerker und Gelehrter

Fulganzio ist zugleich Geistlicher und Wissenschaftler. Dieser Gegensatz, der ihn mit den Kirchenfürsten ver-

Fulganzio: Geistlicher und Wissenschaftler

bindet, ist jedoch in seiner Person schärfer und unversöhnlicher ausgeprägt. Wie er der ernsthaft um seinen Glauben Ringende ist (er sucht im 8. Bild humane Gründe für das Edikt zu finden), ist er auch der leidenschaftlich um Wissen Bemühte. Seine Ernsthaftigkeit, darauf verweist das Epigramm zum 8. Bild, ist nur auf dem Hintergrund seiner bäuerlichen Herkunft zu verstehen, einer Klasse, der es um die Wahrheit zu tun sein kann und muss, da sie keine Macht besitzt, um deren Erhalt es ihr zu tun sein könnte. Fulganzio scheitert jedoch, wie Federzoni, in dem Versuch, beide Seiten seiner Natur miteinander zu vereinbaren.

Andrea, der enttäuschte ‚Sohn'

Fulganzios Wissensdurst ist vergleichbar mit dem des jungen Andrea im 1. Bild, dessen auffallende Neugier dort mit dem bloß konventionellen Interesse des jungen Ludovico an der Wissenschaft konfrontiert wird. Andreas Verhalten wie auch das Verhalten Virginias ist jedoch primär durch die überragende ‚Vaterfigur' Galilei bestimmt, ist weniger sozialer Gestus als das der anderen Figuren. Seine ganze Identität als Wissenschaftler, dies wird im 1. Bild klar, verdankt Andrea dem Vorbild Galileis. So erscheint seine bis zu körperlicher Übelkeit sich steigernde Verachtung für den ‚Verräter' Galilei im 13. Bild als eine aus übergroßer Bewunderung hervorgehende übergroße Enttäuschung. Auch das rasche Umschlagen von demonstrativer Verachtung in die Bereitschaft, Galileis Widerruf gegen alle möglichen Einreden zu entschuldigen (14. Bild), spiegelt das besondere Verhältnis Andreas zu Galilei.

Virginia, die ‚enttäuschte' Tochter

Dass Virginia, Galileis ungeliebte Tochter, im 14. Bild als ‚Instrument der Inquisition' fungiert, erscheint nicht zuletzt als Konsequenz von Galileis Verhalten ihr gegenüber. Galilei hat seine Tochter nicht nur aus dem Kreis der Vernünftigen ferngehalten (3. Bild), sondern sie zudem noch um ihr privates ‚Glück' gebracht (9. Bild).

Frau Sarti: die praktische Vernunft der kleinen Leute

Widersprüchliches auch bei Frau Sarti: Trotz des Beweises ihrer Vernünftigkeit (3. Bild) glaubt sie nicht an den Sieg der Vernunft und den Erfolg Galileis (1. und 4. Bild). Sie gehört zum Typus jener durch die gesellschaftlichen Verhältnisse gebeutelten ‚kleinen Leute', denen wir in anderen Stücken Brechts öfters begegnen, deren praktische Vernunft allein in einem gesteigerten Realitätssinn zum Ausdruck kommt und deren Glaube einzig darin besteht, dass man mit den Wölfen zu heulen habe, um nicht noch um den Rest seines bescheidenen Lebensglücks betrogen zu werden. Bezeichnenderweise hätte sie an Galileis Stelle den Hofgelehrten im 4. Bild erst einmal ein „gutes Abendessen“ vorgesetzt (vgl. S. 40).

Galileis gebrochene Figurenperspektive

KURZINFO

Konzeption der Hauptfigur Galilei

- Galileis Verhalten ist weniger Ausdruck eines eindeutigen sozialen Gestus, sondern durch seinen komplexen, widersprüchlichen Charakter bestimmt.
- Er zeigt leidenschaftlichen Forscherdrang und große soziale Reflexionsfähigkeit, aber auch schrankenlose Genusssucht und Anpassungsbereitschaft.
- Auf diese Weise soll Galilei als große historische Persönlichkeit die kritische Beurteilung des Zuschauers provozieren und tut dies beispielhaft im 14. Bild.

Galileis Verhalten ist von Widersprüchen geprägt

Der Widerspruch als Mittel der Figurenkonzeption findet bei der zentralen Figur des Dramas die vielfältigste Ausgestaltung: Galilei ist vernünftig, vorsichtig-prüfend in Dingen der Wissenschaft, aber unvernünftig in der Einschätzung des Verhaltens der Mächtigen; er verachtet die ‚Filze‘ von der Signoria, stellt sich aber ‚mit tiefer Freude und aller schuldigen Demut‘ in ihren Dienst; er glaubt an die praktische Vernunft der einfachen Menschen, aber nicht an die Intelligenz seiner Tochter; er äußert Einsichten über den wahren, machtpolitischen Charakter des Edikts, aber er schweigt acht Jahre lang; er weiß um die revolutionäre Sprengkraft seiner Forschungen und fördert diese, indem er in der Volkssprache schreibt, aber er leugnet im 11. Bild eine solche Bedeutung seines Werkes; er zeigt Mut im Angesicht der Pest, um die Wahrheit seiner Lehre vor seinen Feinden verteidigen zu können, aber er versagt vor der Inquisition und gibt die Wahrheit seiner Lehren dem Angriff seiner Feinde preis.

Galileis Widersprüchlichkeit ist jedoch von anderer Art als diejenige der Nebenfiguren. Deren Widersprüche sind Ausdruck ihres sozialen Gestus; sie lassen dem Zuschauer die gesellschaftliche Bedingtheit ihres Verhaltens erkennbar werden, lösen sich vor diesem Hintergrund aber auch auf. Insofern z. B. Barberini als oberster

Garant der weltlichen Macht der Kirche in Erscheinung tritt, wirkt sein Verhalten durchaus konsequent. Galileis Verhalten jedoch bleibt widersprüchlich, es ist nicht eindeutig durch einen sozialen Gestus ausgeprägt. Die Galilei-Figur, und das macht den Kern ihrer Widersprüchlichkeit aus, vereinigt Elemente einer aristotelischen mit solchen einer nicht-aristotelischen Figurenkonzeption. Galilei ist zum einen der große Einzelne, dessen Verhalten aus seinem Charakter heraus erklärbar ist: Seine epikureische, sinnenfrohe Natur, in die auch sein Denken und Forschen einbezogen ist, macht ihn zu einem bahnbrechenden Wissenschaftler und Lehrer, lässt ihn aber auch vor der Inquisition versagen. Andererseits erscheint diese Entwicklung nicht als tragischer Konflikt, da Galilei, wie im 8. und 11. Bild anklingt, einen bewussten, gesellschaftlich bedeutsamen Entschluss fasst, der auch anders hätte ausfallen können.

Elemente aristotelischer und nicht-aristotelischer Figurenkonzeption

Seine Widersprüchlichkeit ist nicht in erster Linie ein Verfremdungsmittel, das dem Zuschauer die Erkenntnis der gesellschaftlichen Zusammenhänge des Bühnengeschehens ermöglicht. Sie provoziert vielmehr in erster Linie eine wertende Stellungnahme zu Galileis Verhalten vor dem Hintergrund seiner unbezweifelbaren historischen Bedeutung. Dies wird durch die Selbstverurteilung im 14. Bild besonders deutlich, mit der Galilei eine solche Bewertung beispielhaft selber vollzieht. Brecht verlagert hier eine zweite, wertende Perspektive in die handelnde Bühnenfigur selbst. Wenn Galilei sich vorwirft, er habe ‚als Wissenschaftler eine einzigartige Möglichkeit‘ gehabt, durch seine Standhaftigkeit große Erschütterungen hervorzurufen, habe aber die Chance vertan, die Wissenschaftler der Zukunft durch sein Beispiel auf das Wohl der Menschheit zu verpflichten, dann spricht er gar nicht mehr aus der begrenzten Perspektive der Handlung. Er ist vielmehr in diesem Augenblick der ‚objektive‘, distanzierte Betrachter, der das Verhalten der Bühnenfigur der ersten 13 Bilder aus der Perspektive der geschichtlichen Bedeutung dieses Verhaltens beurteilt und verurteilt.

Exemplarische Bewertung durch gebrochene Figurenperspektive Galileis

Ideologiekritik und Historisierung

KURZINFO

Materialistisches Geschichtsdrama
- Ideologiekritische (Um-)Deutung realer historischer Ereignisse wie etwa des Galilei-Prozesses
- Historischer Stoff als Reflexionsfolie zeitgenössischer Konflikte im Lichte einer positiven Vision der Geschichte

Geschichtsdrama vs. Parabelstück

Leben des Galilei ist das einzige große Brecht-Drama der Exil-Zeit, das einen historischen Stoff verarbeitet. Brecht notiert dazu: „so ist der ‚GALILEI' in meiner produktion immerhin interessant als gegenbeispiel zu den parabeln. dort werden ideen verkörpert, hier eine materie gewisser ideen entbunden." (AJ 30.7.1945) Brecht meint hier wohl: Beim Parabelstück, der zentralen Gattung des epischen Theaters, ist die Handlung nur ein Gleichnis für die gesellschaftliche Wirklichkeit, das als Erkenntnismodell der Wirklichkeit dient; die Handlung kann also schon von dieser Erkenntnisfunktion her vom Autor konzipiert werden. Bei einem historischen Drama muss er jedoch von der Handlung, die ja durch die reale Geschichte gleichsam schon vorgeprägt ist, ausgehen und dieser Geschichte bedeutsame Erkenntnisse abgewinnen. Im vollen Sinn des Wortes kann so das Geschichtsdrama die Ereignisse gar nicht als veränderbare zeigen, denn als reale historische Ereignisse sind sie nicht mehr zu ändern; verändern kann das Drama zuallererst den Blick des Zuschauers auf die Geschichte. Bekannte Ereignisse der Geschichte können durch das Drama neu gedeutet, damit überkommene Vorstellungen von historischen Ereignissen kritisiert, als falsches Bewusstsein (= Ideologie) entlarvt werden. Diese Aufgabe leistet *Leben des Galilei* sicherlich. Das Stück zeigt, einer materialistischen Geschichtsdeutung folgend, dass der Konflikt Galileis mit der Kurie in Wahrheit kein wissenschaftlich-theologischer Streit, sondern ein Kampf zwischen reaktionären und fortschrittlichen gesellschaftlichen Kräften war. Auf dem Hintergrund dieses Geschichtsverständnisses fordert es aber auch zu einer kritischen Neubewertung der historischen Figur Galileis heraus. Diese Bewertung, wie sie Brechts Galilei im 14. Bild exempla-

Verhältnis von Handlung und Erkenntnis

Leben des Galilei als Geschichtsdrama: ideologiekritische Funktion

Neubewertung der historischen Figur

risch vorführt, geschieht im Hinblick auf die Entwicklung der weiteren Geschichte, die als Folge der historischen Galilei-Ereignisse verstanden wird. Wenn der Bühnen-Galilei im 14. Bild sagt:

> „Die Kluft zwischen euch [den Wissenschaftlern] und ihr [der Menschheit] kann eines Tages so groß werden, daß euer Jubelschrei über irgendeine neue Errungenschaft von einem universalen Entsetzensschrei beantwortet werden könnte" (S. 125 f.),

dann mag sich der Zuschauer mit Recht an das Entsetzen erinnert fühlen, das die Menschen beim Gedanken an die Zerstörungskraft der Kernenergie befallen kann. Eine Bewertung des historischen Galilei unter diesem Blickwinkel wäre ein historisierendes Verständnis; es würde Galileis Verhalten als Sündenfall der Naturwissenschaft erscheinen lassen, dessen fatale Konsequenzen wir heute erleben.

Ansätze zum Parabelstück in *Leben des Galilei*

Nun kann nach Brechts Verständnis „Historisieren" im engeren Sinne nur verfremdende Darstellung der gegenwärtigen Gesellschaft und ihrer Entwicklungsmöglichkeiten auf dem Theater meinen. Hierzu müsste die Bühne Ereignisse im Lichte einer positiven Utopie vor Augen führen, wodurch die Veränderbarkeit gegenwärtiger gesellschaftlicher Verhältnisse erkannt werden könnte. Eine solche positive Utopie findet sich auch in *Leben des Galilei* – nicht nur in Galileis Rede über die neue Zeit (1. Bild), sondern auch, wenngleich verhaltener, im 15. Bild, wo Andrea am Schluss den Blick in die Zukunft wendet und sagt: „Wir wissen bei weitem nicht genug, Giuseppe. Wir stehen wirklich erst am Beginn." (S. 131) Damit gewinnt *Leben des Galilei* gewisse Züge eines Parabelstücks, das nicht nur die Lebensgeschichte Galileis als den historischen Sündenfall der Naturwissenschaften zur Darstellung bringt, sondern gleichnishaft die Frage nach dem Verhalten von Wissenschaftlern heute zur Diskussion stellt.

Rezeption und Deutung

KURZINFO

***Leben des Galilei* im Spiegel der zeitgenössischen Kritik**

- Kontroverse Aufnahme des Dramas in den drei Jahrzehnten nach Erscheinen der Druckfassung ist stark vom schwierigen Umgang mit dem Kommunisten und marxistischen Theoretiker Brecht bestimmt.
- Der Kritiker der west- und ostdeutschen Erstaufführungen Friedrich Luft lobt die Gestaltungskraft des Dramatikers Brecht und billigt seinem Galilei „Pathos der Größe" zu.
- Gerhard Szczesny: Brechts Darstellung Galileis als „sozialer Verräter" sei historisch völlig unsinnig und nur Ausdruck von Brechts Denken in ideologischen Zwängen.
- Gert Sautermeister: Brechts Galilei-Figur werde der Vorstellung von der sozialen Prägung des Individuums nicht gerecht.
- Werner Mittenzwei (DDR-Autor): Brechts Drama sei der Prototyp eines materialistischen Geschichtsdramas.

Liest man die Theaterkritiken zu den Erstaufführungen des Stücks in Köln (1955) und Ost-Berlin (1957), muss es fraglich bleiben, ob die negative Darstellung Galileis in der dritten Fassung die Zuschauer dieser Aufführungen überhaupt erreicht hat. Über die Kölner Aufführung schreibt der Kritiker Friedrich Luft am 19.4.1955 in der *Welt*:

Kölner Erstaufführung 1955

„In der recht gebrechlichen Darstellung war die Kraft dieses Stückes nicht immer zu schmecken. Es hätte Erschütterung auslösen müssen. So wurde es ein Achtungserfolg. […] Galilei muß sich gegen sein besseres Wissen unterwerfen. Das Genie muß sich krümmen, um durch seine Größe nicht zu provozieren. Doch Galilei ist listig genug, seine Erkenntnisse heimlich weiterzugeben und vorsorglich auf Eis zu legen, bis der Zeitgeist selber nachrückt und das, was gestern als Lästerung galt, morgen als Wahrheit anerkennen wird. […] Wie Brecht das nun darstellt, wie er den aufrührerischen Stoff zuerst in eine volkstümliche Heiterkeit lagert, wie er die Figur seines Helden keineswegs heldisch verpackt, sondern lebenslustig, verschlagen, hinterlistig, neugierig und zuweilen in seinen Mitteln geradezu unfein sein läßt, das gibt sofort ein menschliches Klima. […]
Die Unterwerfung unter die Inquisition, scheinbar schon absolut, wird durch die pfiffige Rückversicherung auf die Nachwelt dann so klug aufgehoben, daß am Ende fast so etwas wie ein Pathos der Größe aufkommt." (Zit. nach: *Brecht in der Kritik*, 1977, S. 240 f.)

Dass dieser Eindruck nicht nur auf Kosten der Inszenierung gehen kann, wird klar, wenn derselbe Kritiker zu der sicher das historische Versagen Galileis schärfer herausarbeitenden Berliner Erstaufführung, deren Inszenierung noch von Brecht selbst begonnen wurde, schreibt:

Ost-Berliner Erstaufführung 1957

> „Er [Galilei] reicht die Wahrheit weiter, auch wenn er es in der Heimlichkeit tun muß. Galilei ist am Ende gebrochen, aber er ist siegreich. Man hat ihm die Sprache verboten. Seine Gedanken reden lauter als er." (Ebd., S. 242)

Schon an dieser Theaterkritik wird deutlich, dass die Auseinandersetzung mit dem Stück und seinem Autor in der literarischen Öffentlichkeit der Bundesrepublik in den 50er- und 60er-Jahren geprägt ist von der politischen Frontstellung beider deutscher Staaten. So schreibt Luft anlässlich der Kölner Aufführung:

> „Das Schicksal dieses bedeutenden Stückes eines der bedeutendsten Dramatiker unserer Sprache ist in sich so etwas wie eine Tragödie oder am Ende sogar wie eine Tragikomödie geworden: Brecht schrieb den Galilei vor zwanzig Jahren in der Emigration. Damals war dieses Lehrspiel von den Listen, die das Genie anwenden muß, um in Zeiten der Bevormundung Gedankenfreiheit zu ertrotzen, nicht spielbar. Es ist heute in Ostdeutschland, wo der Dichter nunmehr domiziliert, ebenfalls nicht aufführbar: der pfiffige und auf seine verschlagene Weise aufrührerische Text müßte dort wie ein Fanal wirken." (Ebd., S. 239)

Stellungnahmen der Literaturwissenschaft

Die literaturwissenschaftliche Forschung dieser Jahre tut sich nicht selten schwer darin, die Bedeutung des Dichters Brecht mit dem marxistischen ‚Ideologen' Brecht und seiner Parteinahme für den ‚SED-Staat' zu vereinbaren. Ein besonders prägnantes Beispiel für den Versuch, den Rang des Dichters Brecht mithilfe des Ideologen Brecht herabzusetzen, bildet das Galilei-Buch von Gerhard Szczesny. Der Autor sucht die historische Unhaltbarkeit der dritten Fassung des Stücks nachzuweisen:

> „Die Tatsache, daß der wirkliche Galilei keineswegs ein Schwächling, Genüßling und Zyniker war […] macht das Stück zwar als Charakterstudie fragwürdig, wäre allein aber noch kein Grund, es als glaubwürdige Deutung des Falles Galilei, d.h. der weltgeschichtlichen Bedeutung seiner Entdeckungen und seines ‚Versagens' zu bezweifeln. Die eigent-

Kritik am ‚Ideologen' Brecht

liche Fatalität des Brechtschen Galilei – wie Brecht selbst ihn gesehen haben möchte – liegt in dem ganz speziellen und sonderbaren Vorwurf, dass der große Forscher ein ‚sozialer Verbrecher' geworden sei. […]
Welchen ‚sozialen Verrat' hat Galilei […] begangen […]? Hätte er die Französische Revolution vorwegnehmen oder gar ein kommunistisches Manifest verfassen sollen? Wenn man daran denkt, wie die abendländische Gesellschaft um 1600 aussah, kann man eine solche Vorstellung nur abwegig nennen. […]
Trotz der Bauernaufstände und der gärenden Unzufriedenheit der städtischen Massen gab es gar keinen realen politischen Ansatz für die Entfesselung einer bürgerlichen, bäuerlichen oder gar proletarischen Revolution, die dem potentiellen Demokratismus des neuen astronomischen Weltbildes entsprochen hätte. […]
Selbst wenn ein solcher revolutionärer Umschwung im Bereich des Möglichen gelegen hätte, gibt es kein Argument für die Forderung, daß ein wissenschaftliches Genie wie Galilei in jenem Jahrhundert und unter jenen Umständen zugleich ein politisches Genie, ja auch ein politisch engagierter Zeitgenosse hätte sein müssen. Die ‚Verbrecher'-Rolle Galileis kommt zustande, indem Brecht ihn in eine geschichtliche Situation stellt, die es zu Beginn des 17. Jahrhunderts in Italien nicht gab, und ihm Aufgaben zumutet, die für den historischen Galilei gar keine Aufgaben sein konnten. […] Wenn man die Wandlung verfolgt, die das ‚Leben des Galilei' von seiner Urfassung bis zur Berliner Inszenierung durchmacht, wird man also feststellen müssen, dass aus einer ursprünglich historisch getreuen und in sich selbst schlüssigen Darstellung ein von konfusen Thesen überlagertes und verwirrtes Stück wird. […]
Insbesondere der ‚Galilei' zeigt den fatalen Einfluß, den der Ideologie-Zwang auf Art und Qualität des Brechtschen Werkes hatte, weil die Urfassung des Stückes den Punkt im Schaffen Brechts markiert, an dem er am wenigsten Theoretiker und am stärksten nur Dramatiker war. Aus einem zunächst differenzierten historischen Charakterstück versuchte Brecht schließlich, wieder simplifiziertes Polit-Theater zu machen. Das gelingt glücklicherweise nur sehr unvollständig […]."
(G. Szczesny, 1966, S. 60–75)

Dass der Autor Brecht Galilei dann jedoch nahezu als psychologisch-klinischen Fall behandelt, wodurch die Darstellung Galileis in der dritten Fassung zur Freud'schen Fehlleistung wird, kann wohl nur als Geschmacklosigkeit betrachtet werden.

Differenzierter liest sich die Kritik von Gert Sautermeister:

Galilei als Beispiel für gesellschaftliche Ohnmacht des Subjekts

> „Der dramatische Vorgang […] verschafft dem Glauben Galileis an die Durchsetzungskraft der Vernunft immer wieder Nahrung, um ihn desto kräftiger zu desillusionieren. Der Staat (in Gestalt des großherzoglichen Hofes von Florenz) und quasi-staatliche Instanzen (in Gestalt der Kirche) triumphieren über die vernunftgeleiteten Absichten und Ziele des einzelnen Individuums. Daß dieses objektiven gesellschaftlichen Kräften unterliegt, entspricht ja auch der Betrachtungsweise des dialektischen Materialismus, die Brecht zu fördern strebte. Ist der mit dem Scheiterhaufen der Inquisition konfrontierte und davor zu Kreuze kriechende Galilei nicht ein schlagendes, einprägsames Exempel für die Ohnmacht des Subjekts in unfreien, unvernünftigen gesellschaftlichen Verhältnissen? ‚Todesfurcht', erklärt Andrea, ‚ist menschlich!' (124) Es besteht kein Anlaß, an dem Satz zu zweifeln. Indem die Inquisition diese Furcht in Galilei zu erwecken und ihn zum Widerruf zu bewegen versteht, verleiht sie struktureller Gewalt eine leibhaftige Evidenz. Gegen diese anschauliche Demonstration des Dramatikers Brecht opponiert jedoch der Ideologe Brecht. Er stellt den dramatischen Vorgang auf den Kopf, indem er zu böser Letzt seiner Hauptfigur eine prinzipielle Selbstverklagung aufzwingt, so, als hätte es in Galileis Macht gestanden, den Geschichtsprozeß umzukehren und die staatskluge Gegenaufklärung aus den Angeln zu heben.
> […]
> Man erweist seinem Drama, das überall Zweifel sät und zum Zweifeln ermutigt wie sonst kaum eines in der deutschen Literaturgeschichte, vielleicht dadurch am meisten Ehre, daß man […] seine ideologische Schlußpointe kritisch überprüft."
> (G. Sautermeister, in: Hinderer, Hrsg., 1984, S. 136 f.)

Die Brecht-Literatur der DDR mühte sich um die Beurteilung der Rolle des ‚Historischen' in diesem ‚historischen Drama'. Werner Mittenzwei sucht die dritte Fassung als ‚materialistisches Geschichtsdrama' zu interpretieren:

Interpretation als materialistisches Geschichtsdrama

> „Eine wirklich historische Darstellung, die die Klasseninteressen und die Konstellation der Klassenkräfte aufdeckt, wird bei einem entsprechenden Gegenstand auch immer eine Behandlung bestimmter Probleme der Gegenwart ermöglichen. […] Je enger sich der Autor dabei an die Geschichte hält, desto mehr wird es ihm gelingen, wie Marx sagt, ‚die modernsten Ideen' der Zeit zum Ausdruck zu bringen. Gerade Brechts Galilei ist dafür ein anschauliches Beispiel. Es kam ihm

anfangs darauf an zu zeigen, daß die Wahrheit in den Zeiten der Unterdrückung mit List verbreitet werden muß. Die Parallele zur Hitlerdiktatur war ganz deutlich. Von diesem Aspekt aus betrachtete Brecht zunächst auch den Widerruf Galileis. Je gründlicher er aber bewußt historisch gestaltete, desto mehr ging er von der anfänglichen Vorstellung ab, in dem Widerruf Galileis nur eine List zu sehen. Damit erfaßte er die historische Wahrheit des Stoffes tief und allseitig, zugleich aber gewannen auch die Probleme der Gegenwart deutlichere Konturen. Diese konsequent historische Gestaltungsweise hob die aktuellen Gedanken des Stückes erst richtig in den Mittelpunkt. Gleichzeitig aber bewahrte sie Brecht davor, daß das Werk einen Parabelcharakter annahm […]." (W. Mittenzwei, „Gestaltungsprobleme des sozialistischen Realismus in ‚Leben des Galilei'", in: Materialien, 2001, S. 206 f.)

Wort- und Sacherklärungen

Die Seitenzahlen beziehen sich auf die im Impressum genannte Textausgabe.

S. 8 **Astrolab:** von den Arabern erfundenes Gerät zur Berechnung von Gestirnbahnen in Gestalt eines Himmelsmodells.
kristallne Sphären: durchsichtige, kristallene Himmelskugeln, auf deren Oberfläche – nach der Kosmologie des Aristoteles – die Himmelskörper sich um die Erde drehen sollten.

S. 9 **Disput:** wissenschaftliches, mit Argumenten ausgetragenes Streitgespräch.

S. 11 **Kippernikus:** Gemeint ist Kopernikus, Nikolaus (1473–1543). K., Domherr zu Frauenburg (Ermland), hatte in Bologna, Padua und Ferrara juristische und naturwissenschaftliche Studien betrieben und dann in jahrzehntelanger Arbeit ein heliozentrisches Weltmodell mit der Sonne als Mittelpunkt entworfen. Seine Theorie wurde jedoch erst in seinem Todesjahr veröffentlicht.

S. 14 **Campagna:** fruchtbare Ackerbaulandschaft in der Nähe Roms.
Skudo (pl. Skudi): Eseudo, ursprünglich spanische Goldmünze, die in weiten Teilen Europas als Zahlungsmittel verbreitet war.

S. 16 **Kurator:** Leiter der Universitätsverwaltung.

S. 17 **Cremonini:** Cesare C., Professor der Philosophie in Padua und zeitweiliger Freund Galileis, überzeugter Anhänger der Philosophie des Aristoteles, der von der Inquisition als Ketzer angeklagt, von Venedig jedoch nicht an Rom ausgeliefert wurde.
Giordano Bruno: italienischer Philosoph (1548–1600). B., ehemaliger Dominikanermönch, entwarf auf der Grundlage der kopernikanischen Lehre ein spekulatives Weltbild, das die raumzeitliche Existenz Gottes im Kosmos in Frage stellte (Pantheismus). Er wurde 1592 von Venedig an die Inquisition ausgeliefert und 1600 verbrannt.

S. 19 **Aristoteles:** antiker Philosoph (384–322 v. Chr.). Seine Naturphilosophie wurde im christlichen Mittelalter (Scholastik) zur herrschenden Lehrmeinung.
Proportionalzirkel: auch ‚geometrischer und militärischer' Kompass; eine Art frühe Rechenmaschine, bestehend aus einem rechtwinkligen Metallzirkel, auf dessen Schenkeln zahlreiche Skalen aufgetragen waren, mit deren Hilfe sich vielfältige mathematische Operationen durchführen ließen.

S. 20 **Arsenal:** die staatlichen Schiffswerften und Waffenschmieden der Republik Venedig.
Ihr verbindet dem Ochsen …: Anspielung auf 5. Buch Mose 25,4: „Du sollst dem Ochsen, der da drischt, nicht das Maul verbinden."

S. 22 **Campanile:** frei stehender Glockenturm.
Gracia dei: Gnade Gottes.
S. 23 **Signoria:** Rat der Stadtrepublik Venedig.
S. 25 **Doge:** auf Lebenszeit gewähltes Staatsoberhaupt Venedigs.
S. 31 **Klafter:** Raummaß für Holz, ca. $3\,m^3$.
S. 37 **Mediceischen Gestirne:** Jupitermonde, die Galilei den Medici, der regierenden Familie im Großherzogtum Toskana, widmete.
S. 43 **Miasmen:** nach mittelalterlicher Auffassung Bodenausdünstungen als Ursache von Seuchen (von griech. *miasma* ‚Befleckung').
S. 45 **applizieren:** anwenden.
Aristotelis divini universum: das Weltall des göttlichen Aristoteles.
S. 46 **celestialer Globus:** Himmelskugel.
S. 50 **Päpstliches Collegium:** die vom Jesuitenorden getragene päpstliche Universität.
S. 53 **Englischer Gruß:** Ave Maria, dt.: Gegrüßet seist Du, Maria (Gruß des Engels an die Jungfrau Maria).
S. 56 **Ursulinerinnen:** Anfang des 16. Jahrhunderts gegründete Frauengemeinschaft, die sich der Fürsorge und Erziehung von Mädchen widmete (später Schulorden).
S. 58 **Schusser:** mundartlich für Murmel.
Sancta simplicitas!: heilige Einfalt!
S. 59 **Tycho Brahe:** dänischer Astronom (1546–1601), Entdecker der „Nova cassiopeia"(1572). B. war der erste exakt beobachtende Astronom; er entwickelte ein Weltbild, das von Ptolemäus und Kopernikus abwich und lange Zeit in Kirchenkreisen als offizielle Lehre galt: Alle Planeten sollten sich um die Sonne drehen, die Sonne selber jedoch um die Erde.
S. 60 **Principiis obsta!:** Widersteh den Anfängen!
Sonne, stehe still ...: Zitat aus Josua 10,12.
S. 64 **Index:** Liste der aus religiösen Gründen verbotenen Bücher.
Kardinal Bellarmin: Roberto B. (1542–1621), Jesuit und Rektor des Collegium Romanum.
S. 65 **Lorenzo di Medici:** Florentiner Bankier, Kunstförderer und Dichter (1449-92); war theoretisch nur einer unter vielen Ratsherren, praktisch jedoch unbestrittener politischer Führer der Republik Florenz.
S. 66 **Kardinal Barberini:** Maffeo B. (1568–1644), Papst Urban VIII. (1623–44). Vertreter des weltlichen Machtanspruchs des Papsttums (Intervention gegen Habsburg im Dreißigjährigen Krieg); Fertigstellung des Petersdoms während seiner Amtszeit.
S. 69 **Heiliges Offizium:** päpstliche Theologenkommission in Fragen des Glaubens.

S. 77 **Cellini-Uhr:** Uhr aus der Werkstatt des berühmten Goldschmieds Benvenuto Cellini (1500–71).

S. 78 **Priap:** antiker Fruchtbarkeitsgott.
Horaz: altrömischer Dichter (65–8 v. Chr.).
Esquilinische Gärten: Gärten auf dem Esquilin, einem der sieben Hügel Roms.

S. 80 **Schaff:** großes offenes Holzgefäß.

S. 82 **Aszendent:** (in der Astrologie) Aufgangspunkt eines Gestirns.

S. 83 **Fabrizius:** Johann F., niederländischer Theologe und Astronom, entdeckte 1610 die Sonnenflecken.

S. 95 **Ordo ordinum:** Ordnung der Ordnungen = Große Ordnung.
regula aeternis: die ewige Regel = Regel der Regeln. Bezeichnungen für das theologisch begründete Weltbild des Mittelalters.
Creatio dei: Schöpfung Gottes.

S. 98 **Blache:** Zeltplane.

S. 100 **Homer:** altgriechischer Dichter (8. Jahrhundert v. Chr.); legendärer Verfasser der *Ilias* und *Odyssee*.
Manufaktur: frühe Form der Industrie.
mechanischer Kultivator: mechanisch verbessertes Ackergerät.
regelmäßig erscheinende Zeitungen: Anfang des 17. Jahrhunderts bestanden noch kaum Zeitungen in unserem Sinne (fehlendes Informationssystem, staatliche Zensur) .

S. 103 **meine Dialoge über die beiden größten Weltsysteme:** Gemeint ist eine Schrift Galileis, erschienen 1632.

S. 107 **Idiom:** Sprechweise von Menschen einer bestimmten Region (Dialekt) oder gesellschaftlichen Gruppe (Soziolekt).
Versailles: Bezeichnung für den französischen Hof, der allerdings erst unter Ludwig XIV. Ende des 17. Jahrhunderts nach Versailles verlagert wurde.

S. 110 **hieme et aestate ...:** im Winter und Sommer, und nah und fern, solange ich lebe und noch darüber hinaus.

S. 117 **sintemalen:** veraltete, deshalb parodistisch wirkende Form von ‚da, weil'.
unnachahmbare Imitatio: Anspielung auf das Buch *De imitatione Christi* („Die Nachfolge Christi") des Thomas von Kempen (1379–1471).

S. 119 **Hydraulik:** Technik, die auf der Lehre von den ruhenden und bewegten Flüssigkeiten beruht.
Descartes: René D. (1596–1650), französischer Philosoph und Mathematiker. D. gilt mit seiner Forderung nach methodischer Strenge und rationaler, d. i. vernünftiger Begründung aller Erkenntnisse als ‚Vater' des modernen wissenschaftlichen Denkens.

S. 120 **Man gestattet nicht dem Ochsen ...:** Anspielung auf das lat. Sprichwort „Quod licet Jovi, non licet bovi" („Was Jupiter erlaubt ist, ist nicht erlaubt dem Ochsen").

S. 121 **pochend auf sein Pfund Fleisch:** Anspielung auf Shakespeares Komödie *Der Kaufmann von Venedig*. Der Kaufmann Antonio muss dort dem Shylock als Bürgschaft ein Pfund Fleisch aus seinem eigenen Körper verpfänden.

S. 124 **die Große Babylonische:** Anspielung auf die große babylonische Hure, die im Zweistromland, aber auch im jüdischen Palästina als Göttin der Fruchtbarkeit verehrte Astarte oder Ischtar.

S. 125 **Machinationen:** Machenschaften.

S. 126 **hippokratischer Eid der Ärzte:** Hippokrates, ein Arzt der Antike (460 – um 377 v. Chr.), gilt nicht nur als Begründer der wissenschaftlichen Heilkunde, sondern auch als Urheber einer ärztlichen Standesmoral, die das Tun des Arztes allein auf das Wohl seines Patienten verpflichten will.

3 Schnellcheck

Übersicht 1: Der innere Aufbau des Stücks

Übersicht 2: Zentrale Themen

Übersicht 3: Personenkonstellation und Rollenzwänge

Übersicht 4: Die inneren Widersprüche der Hauptfigur

Übersicht 5: Gestaltungselemente

Übersicht 6: Leitmotive – Spiegel einer Zeitenwende

Übersicht 7: Die drei Fassungen des Stücks

Übersicht 1: Der innere Aufbau des Stücks

Entdeckung des konfliktträchtigen neuen Wissens	1. Bild:	Padua 1609 Galilei am Anbruch einer neuen Zeit
	2. Bild:	Venedig 1609 Die Wahrheit über das Fernrohr
	3. Bild:	Padua 1610 Umwälzende astronomische Entdeckungen Gespräch über die Vernunft des Menschen
Erste Phase des Konflikts: Galilei, der tapfere und erfolgreiche Verfechter der Wahrheit	4. Bild:	Florenz Präsentation der Entdeckungen vor den Gelehrten des Florentiner Hofs
	5. Bild:	Florenz Die Pest
	6. Bild:	Rom 1616 Das Collegium Romanum bestätigt die Entdeckungen Galileis
	7. Bild:	Rom 1616 Vermahnung Galileis durch die Inquisition
	8. Bild:	Rom 1616 Gespräch über die gesellschaftliche Bedeutung von Glaube und Wissenschaft
Zweite Phase des Konflikts: Galilei, der Held des Volkes und Verräter der Wahrheit	9. Bild:	Florenz 1624 Erneuter Beginn der astronomischen Forschung
	10. Bild:	1632 Galileis Resonanz beim einfachen Volk
	11. Bild:	Florenz 1633 Galileis Auslieferung an die Inquisition durch den Florentiner Hof
	12. Bild:	Gespräch über die (politische) Vernunft des Volkes Einleitung des Prozesses gegen Galilei
	13. Bild:	Rom 1633 Galileis Widerruf
Persönliche und gesellschaftliche Folgen des Widerrufs	14. Bild:	Arcetri, nach 1633 Galilei als Gefangener der Inquisition Reflexionen über die historische Verantwortung eines Wissenschaftlers
	15. Bild:	1637 Galileis Wissen überschreitet die Grenze

Übersicht 2: Zentrale Themen

Ethische und gesellschaftliche Verantwortung des Wissenschaftlers

- Vernünftiges Wissen des Einzelnen statt Glaube an Autoritäten
- Demontage von falschen Autoritäten
- Aufrichtigkeit der Gesinnung
- Beruf/Berufung des Wissenschaftlers
- Fokus auf das Wie physikalischer Prozesse, nicht das Warum
- Glaube an die Macht der empirischen Beweise
- Kritik an traditionellen Herrschaftsstrukturen
- Konflikt zwischen Wissen und Macht
- Toleranz und Gewalt
- Emanzipation der Naturwissenschaft von der Theologie
- Konflikt von Wissenschaft und Religion

Übersicht 3: Personenkonstellation und Rollenzwänge

Repräsentanten und Bewahrer des alten (geozentrischen) Weltbilds, das die Erde und den Menschen im Mittelpunkt des Kosmos begreift

- Cosmo de Medici, Großherzog von Florenz
- Collegium Romanum, Forschungsinstitut des Vatikans
- Der sehr alte Kardinal; vertritt die These von der festen Erde und des Menschen als Mittelpunkt des Alls und der Schöpfung, vgl. S. 62
- Kardinal Bellarmin; ermahnt Galilei und forciert schließlich die Indizierung seines Werks
- Herr Gaffone, Rektor der Universität Pisa
- Hofgelehrte, weitere Kirchenfürsten und Geistliche
- Der Kardinal Inquisitor
- Papst Urban VIII. (vormals Kardinal Barberini)
- Ludovico Marsili, reicher Gutsbesitzersohn; Schüler Galileis und Verlobter seiner Tochter Virginia

Repräsentanten und Verfechter des neuen (heliozentrischen) Weltbilds, das Autorität und Macht von Kirche und Aristokratie in Frage stellt

- Galileo Galilei
- Andrea Sarti, Galileis Schüler, „geistiger Sohn" und Nachfolger
- Sagredo, Galileis Freund
- Vanni, ein Eisengießer
- Federzoni, ein Linsenschleifer, Galileis Mitarbeiter
- Der Balladensänger

Figuren zwischen den Welten

- Der kleine Mönch Fulganzio, ein umtriebiger Wissenschaftler
- Pater Christopher Clavius, „der größte Astronom Italiens und der Kirche" (S. 60); bestätigt zunächst die Richtigkeit von Galileis Entdeckungen
- Herr Priuli, Kurator der Universität Padua; auf Profit bedachter Beamter der Republik Venedig
- Kardinal Barberini, Mathematiker und zunächst solidarischer Vermittler zwischen Inquisitor und Galilei; kann sich nach der Ernennung zum Papst nicht mehr den Zwängen seines Amtes entziehen
- Galileis Tochter Virginia
- Frau Sarti, Galileis Haushälterin, Andreas Mutter; Symbolfigur einer praktischen Vernunft der „kleinen Leute"
- Filippo Mucius, ein Gelehrter

Übersicht 4: Die inneren Widersprüche der Hauptfigur

Galileis Einsicht in die Verantwortlichkeit der Wissenschaftler und die Einheit von Wissenschaft und Fortschritt

Einsicht in die Notwendigkeit, für die Naturwissenschaft eine Art hippokratischen Eid festzulegen, der sie verpflichtet, einzig dem Wohl der Menschheit dienlich zu sein

Verrat am eigenen Beruf und an der historischen Berufung des Wissenschaftlers, durch sein Werk eine Änderung der bestehenden Machtstrukturen und einen gesellschaftlichen Fortschritt zu bewirken

„Ich halte dafür, daß das einzige Ziel der Wissenschaft darin besteht, die Mühseligkeit der menschlichen Existenz zu erleichtern." (14. Bild, S.125)

Widerruf der Wahrheit aus Angst vor der Folter

Einschätzung des Widerrufs als taktische Maßnahme, um unter schwierigen politischen Bedingungen das Lebenswerk vollenden zu können

Scheitern an den eigenen Ansprüchen aus persönlicher Schwäche

Versagen vor der Inquisition und Preisgabe der Wahrheit

Die formale Rehabilitierung Galileo Galileis fand erst 1992 statt.

Übersicht 5: Gestaltungselemente

Leben des Galilei nimmt eine Sonderstellung in Brechts dramatischen Werken ein, denn das Stück enthält relativ wenige Gestaltungsmittel des epischen Theaters. Es lässt sich vielmehr als eine Synthese zwischen der traditionellen Dramenform und der epischen verstehen.

Elemente der traditionellen Dramenkonzeption	**Elemente des epischen Theaters**
Die Handlung • Das Geschehen ist vorgeprägt durch die historischen Ereignisse. • Die Szenenfolge entspricht zum großen Teil der realen Chronologie bzw. der Biographie Galileo Galileis. • Durch die zwar lockere, aber infolge des chronologischen Aufbaus festgelegte Reihung der Bilder entsteht sowohl eine geschlossene Raum- und Zeitstruktur als auch eine Spannungskurve, die auf den Ausgang der Ereignisse, nicht auf die Veränderung der gesellschaftlichen Bedingungen zielt. • Die Spannung löst sich erst am Schluss des Dramas, der mit dem Ende der Handlung zusammenfällt. • Das Stück hat keinen offenen Schluss; die Handlung ist nicht – wie in den meisten Stücken Brechts – prinzipiell fortsetzbar.	**Die Handlung** • Durch eine Vielzahl von Parallel- und Kontrastszenen werden Widersprüche erzeugt. • Die Offenlegung der Widersprüche lässt sowohl die Notwendigkeit als auch die Möglichkeit zur Veränderung der gesellschaftlichen Situation erkennbar werden. • Die den einzelnen Bildern vorangestellten Szenen-Titel informieren über das folgende Geschehen und lenken so die Aufmerksamkeit auf das Wie der Ereignisse. • Die Epigramme und der Balladeneinschub fügen eine dem Geschehen übergeordnete Ebene der Reflexion und des Kommentars ein.

Elemente der traditionellen Dramenkonzeption	Elemente des epischen Theaters
Die Figuren • Galileis Widersprüchlichkeit ist aus seiner Person, seinen individuellen Neigungen und Schwächen, weniger aus den gesellschaftlichen Zusammenhängen erklärbar.	**Die Figuren** • Die Reflexionsdialoge entlarven die Äußerungen und Ansichten der Bühnenfiguren als Ausdruck einer die wahren Absichten und Motive verschleiernden Weltanschauung (Ideologie) und fordern zu einer kritischen Umdeutung der historischen Ereignisse auf. • Die Schauspieler sind darauf bedacht, Bewusstseins- und Verhaltensweisen der von ihnen dargestellten Figuren offenzulegen, Ambivalenzen und Widersprüche zu zeigen und sich nicht mit den Rollen zu identifizieren.
Die Rolle des Zuschauers • Der Zuschauer soll sich aus seinem eigenen Umfeld lösen und in die Wirklichkeit der Dramenfiguren hineinversetzen. Dazu muss er sich mit ihnen identifizieren und in ihre Erlebnis-, Verhaltens- und Handlungsweisen einfühlen. • Im Gegensatz zu anderen Dramen Brechts wird diese Identifikation des Zuschauers in *Leben des Galilei* nicht gänzlich unterbunden.	**Die Rolle des Zuschauers** • Aufgrund der Kommentare und Widersprüche ist der Zuschauer aufgefordert, eine Neubewertung des Widerrufs vorzunehmen. • Er vermag die historische Bedingtheit des Verhaltens der Bühnenfiguren zu durchschauen, sich kritisch davon zu distanzieren und Einsicht in die Veränderbarkeit der gesellschaftlichen Realität zu gewinnen.

Übersicht 6: Leitmotive – Spiegel einer Zeitenwende

Mittelalterliches Weltbild	Neuzeitliches Weltbild
• Im Zentrum des Kosmos befindet sich die Erde. • Da alle Teilbereiche des Kosmos analog dem Aufbau des gesamten Kosmos geordnet sind, gelten für die menschliche Gesellschaft bzw. den Staat und die Kirche die gleichen Gesetze und Ordnungsformen wie für den Kosmos insgesamt. • Das starre astronomische Weltbild spiegelt die Gesellschaftsordnung und umgekehrt. • Das Anlegen oder Tragen bestimmter Kleider ist Ausdruck der Übernahme von Rollen und Erwartungen innerhalb dieser Ordnung. • Das Tragen von Masken ist ein Zeichen der Verschleierung und Heuchelei.	• Bereits 1543 veröffentlichte Kopernikus seine Hypothese zum heliozentrischen Weltbild. • Doch erst Galileo Galilei fand die naturwissenschaftlichen Beweise dafür, dass sich die Erde um die Sonne dreht und dass auch andere Gestirne ihre Position im Weltall verändern. Diese bahnbrechende Entdeckung stellt der ursprüngliche Titel des Stücks „Die Erde dreht sich" in den Vordergrund. • Mit der sogenannten „kopernikanischen Wende" ist die bis dahin gültige Ordnung des Kosmos erschüttert. Die Bewegungen der Gestirne weisen auf die Veränderbarkeit der historischen und gesellschaftlichen Bedingungen. • Bilder aus der Seefahrt spielen auf weitere große Entdeckungen im neuen Zeitalter an. • Galileis Methode des „vernünftigen Sehens", d.h. eines Zusammenwirkens von präziser empirischer Beobachtung und der Erforschung ihrer Gründe, klingt vielfach in seinen Lehrgesprächen an. „Sehen" in seinem Sinne bedeutet: den Weg zur Erkenntnis der Wahrheit zu finden, die wissenschaftlichen und gesellschaftlichen Zusammenhänge zu durchschauen. • Das Fernrohr dient ihm als Hilfsmittel zur Entdeckung und zum Beweis der Wahrheit. • Die allmähliche Erblindung Galileis am Ende seines Lebens symbolisiert sowohl seine Rückkehr in „finstere Zeiten" als auch das aus persönlicher Schwäche resultierende Scheitern seiner Mission.

Übersicht 7: Die drei Fassungen des Stücks

Die äußere Handlung und Szenenfolge aller drei Fassungen folgt weitgehend den historischen Fakten und wurde von Brecht lediglich im Hinblick auf die thematischen Schwerpunkte und die Ambivalenzen der Figuren geändert.

Erste Fassung (Oktober/November 1938)	**Zweite Fassung (1944/45)**	**Dritte Fassung (1954/55) (Druckfassung)**
• Entstehung im dänischen Exil unter dem Eindruck der Nazi-Herrschaft • Es finden sich jedoch nur wenige sporadische Zeitbezüge bzw. Anspielungen (vgl. etwa S. 127). • Brecht greift den historischen Fall Galileis auf, um die Problematik des Widerstands exemplarisch zu veranschaulichen. • Galileis Widerruf erscheint als List, sein Wissen vor dem Zugriff der Machthaber zu bewahren.	• Als Folge seiner eigenen Unzufriedenheit mit der „Moral" des Stücks erarbeitet Brecht zusammen mit dem englischen Schauspieler Charles Laughton in Kalifornien eine Fassung, die die Entlarvung der Galilei-Legende in den Mittelpunkt stellt. • In der Folge des US-amerikanischen Atombombenabwurfs erscheint der Widerruf als eine Art Sündenfall der Wissenschaft. Galilei erweist sich als Verräter an den eigenen hochgesteckten Zielen und Ansprüchen, der seiner historischen Verantwortung nicht gerecht wird. • Die zweite Fassung verzichtet auf das 15. Bild.	• Im Vordergrund der Figurencharakteristik steht die Widersprüchlichkeit des Protagonisten in all ihren Facetten, um die gesellschaftliche Prägung seines Verhaltens erkennbar werden zu lassen. • Auch die Ambivalenzen der übrigen Figuren sind schärfer konturiert, vor allem durch Brechts Aufforderung an die Schauspieler, sich nicht mit ihren jeweiligen Rollen zu identifizieren, sondern deren Bedingtheit zu zeigen. • Auf dem Hintergrund des Kalten Kriegs und der verschärften atomaren Bedrohung thematisiert die dritte Fassung die soziale Verantwortung der Wissenschaft und der Wissenschaftler. • Im 14. Bild ist in die Rede Galileis ein Passus eingefügt, in dem er für die Naturwissenschaftler ein „Gelöbnis" fordert, „ihr Wissen einzig zum Wohle der Menschheit anzuwenden" (S. 126).

4 Prüfungsaufgaben und Lösungen

1. Galileis Verhalten im 3. Bild
2. Die Präsentation des neuen Wissens (4. Bild)
3. Dramaturgische und sprachliche Gestaltungsmittel im 6. Bild
4. Die Funktion des 8. Bildes im Dramenzusammenhang
5. Der Gesprächsverlauf im 12. Bild
6. Brechts Konzeption des epischen Theaters (13. Bild)
7. Galileis Widerruf (14. Bild)
8. Die Rolle des Wissenschaftlers in *Leben des Galilei* und Dürrenmatts *Die Physiker*

1. Galileis Verhalten im 3. Bild

Aufgabenstellung

1. Gliedern Sie das 3. Bild (S. 27f. und S. 31, Z. 18–39) in einzelne Auftritte und Sinnabschnitte und fassen Sie diese kurz inhaltlich zusammen.
2. Charakterisieren Sie Galileis komplexes Verhalten in dieser Szene.
3. Verfassen Sie einen Brief Sagredos an Marini, einen Studienfreund, in dem S. von den Ereignissen der im 3. Bild gezeigten Nacht und seinen Ängsten berichtet.

Lösungsvorschlag

Zu 1.1

(1) Galilei will seinem Freund Sagredo seine neuesten Entdeckungen mit dem Fernrohr demonstrieren. Zuerst beobachten sie den Mond, und Sagredo muss nach einigen Einwänden zugeben, dass das, was sie sehen, Gebirge sind, dass somit der Mond ein Himmelskörper wie die Erde ist. Dies widerspricht aber der aristotelischen Kosmologie: Das himmlische, vollkommene Sein gibt es offenbar nicht.

(2) Fortsetzung der astronomischen Beobachtungen

a) Beobachtungsobjekt sind nunmehr die Fixsterne, deren Existenz Giordano Bruno angenommen hatte, und die Jupitermonde, wobei Galilei zu seinem Erstaunen nur drei statt vier Sterne, wie am Vortag, sehen kann.

b) Es folgt eine Szenenabblende, ein Zeitsprung, während beide Berechnungen anstellen.

c) Als Resultat dieser Berechnungen stellen beide übereinstimmend fest, dass man einen Beweis für das kopernikanische System gefunden hat.

d) Disput über die Folgen der Entdeckungen: S. ist verängstigt, weil er weiß, dass in dem neuen Weltbild kein Platz mehr für die Existenz Gottes ist. G. ist in euphorischer Stimmung, gleichgültig gegenüber theologischen Konsequenzen. Er glaubt, dass es ausreicht, nun Beweise für die Wahrheit zu haben.

e) Beide streiten über die Vernunft der Menschen. S. bewertet das menschliche Verhalten als abergläubisch, G. bringt Beispiele für die praktische Vernunft der kleinen Leute.

(3) Auftritt von Frau Sarti. Galilei demonstriert an ihr die Vernunft der kleinen Leute. Eine abstrakte Frage löst sie mit Bezug zu ihrer Lebenspraxis.

(4) Auftritt Virginias. Galilei weigert sich, seine Tochter durchs Fernrohr sehen zu lassen, und schickt sie wenig später in die Kirche.

(5) Gespräch Galileis mit Sagredo über seinen geplanten Wechsel an den Florentiner Hof. G. bittet S., sein Anstellungsgesuch an den Großherzog ge-

genzulesen und zu prüfen, ob es demutsvoll genug ist. Sagredo ist besorgt, dass Galilei sich in den Machtbereich der Inquisition begeben will, und beschwört die Gefahr einer möglichen Verurteilung Galileis als Ketzer herauf. Aber Galilei weist Sagredos Bedenken zurück.

Zu 1.2

Galileis Verhalten in diesem Bild erscheint als sehr widersprüchlich. Wir erleben ihn zuerst gleichsam bei der Arbeit, geprägt durch seine Methode des vernünftigen Sehens. Beobachtbare Phänomene der Astronomie werden mithilfe mathematischer Berechnungen zu einem Beweis für die kopernikanische Lehre (S. 37, Z. 35 f.).

Galilei ist von der historischen Tragweite seiner Entdeckungen überzeugt. „Heute ist der 10. Januar 1610. Die Menschheit trägt in ihr Journal ein: Himmel abgeschafft" (S. 28). Wenig später aber erleben wir, wie er, eine Gestalt von historischer Bedeutung, den neunjährigen Großherzog der Toskana in einem Bittschreiben als „aufgehende Sonne, welche dieses Zeitalter erhellen wird" (S. 37) bezeichnet, nur, um eine Anstellung bei Hofe zu bekommen. Sind solche Widersprüche eher den gesellschaftlichen Verhältnissen seiner Zeit geschuldet, so sind andere doch eher solche der Person Galilei und seines Charakters.

Seine Vernunft befähigt ihn zwar zu wissenschaftlichen Entdeckungen, aber er weigert sich, seine Vernunft für die Antizipation der Folgen seiner Entdeckungen zu nutzen. Von Sagredo nach den theologischen Konsequenzen seiner Entdeckungen befragt, zieht er sich auf seinen Beruf als Mathematiker zurück (S. 33). – In seinem Enthusiasmus für die neue Zeit ist er sich zwar auch der gesellschaftlich-kritischen Dimension seiner Wissenschaft bewusst, wie schon seine Rede über die neue Zeit im 1. Bild anklingen ließ, will jedoch mögliche Reaktionen der Vertreter der alten Zeit nicht wahrhaben (S. 38) und glaubt, mit vernünftigen Beweisen solche Reaktionen verhindern zu können. Galilei glaubt an die „sanfte Gewalt der Vernunft über die Menschen" (S. 34) und sieht diese Vernunft gerade in der praktischen Vernunft der einfachen Leute am Werk. Diese demonstriert er seinem Freund an seiner Haushälterin Frau Sarti. Als er ihr eine „astronomische" Frage stellt, ob sich das Kleine um das Große drehe oder umgekehrt, antwortet sie mit einem Hinweis auf ihre soziale Rolle als Bedienstete, die dazu führe, dass sie für ihren Herrn arbeiten müsse und nicht umgekehrt. Galilei wertet dies als Beweis seiner Überzeugung. Dabei entgeht ihm – oder er verdrängt es –, dass schon Frau Sarti einen Bezug herstellt zwischen astronomischen Problemen und sozialen Verhältnissen, dass aber auch die Herrschenden oder die Kirche eine praktische Vernunft besitzen könnten, um solche Vergleiche anzustellen. Seiner Tochter Virginia traut er im Übrigen Vernunft nicht zu: Er will sie nicht durchs Fernrohr blicken lassen und schickt sie wenig später in die Kirche.

Trotz aller Warnungen Sagredos will er sich in den Machtbereich der Mönche begeben, weil ihm eine bessere Bezahlung bei Hofe mehr Zeit für seine Forschungen bringen werde. Und er will auch die Fleischtöpfe, d. h. einen materiell besseren Lebensstil. Dieser Wunsch speist sich aus der sinnlichen Natur seines Charakters. Der von seiner historischen Stellung überzeugte vorurteilslose Forscher ist zugleich ein Genussmensch, dessen sinnlicher Trieb sich sogar auf seine Forschungen erstreckt. Aufgrund seiner sinnlichen Natur, die sich auch in seinem unbändigen Forscherdrang ausdrückt, ist es zu verstehen, dass er mit seinem Wechsel nach Florenz einen zutiefst widersprüchlichen, ja paradoxen, für sein Schicksal verhängnisvollen Schritt zu tun bereit ist: als Wegbereiter der neuen Zeit sich in den Machtbereich der Vertreter der alten Zeit zu begeben, in deren Dienst weiter an den geistigen Waffen gegen die alte Zeit zu schmieden und doch hoffend, dabei Anerkennung statt Widerstand hervorzurufen.

Zu 1.3

Padua, 11. Januar 1610

Mein lieber Marini!

Gestern bin ich Zeuge eines wahrhaft historischen Ereignisses geworden. Die Ursache dafür ist ein neues Instrument, ein sogenanntes Fernrohr, das unser Freund Galilei, wie Du vielleicht weißt, der Signoria präsentiert hat und mit dem er seit einiger Zeit astronomische Beobachtungen anstellt.

Gestern Nacht haben wir zusammen durch dieses Rohr den Himmel angeschaut. Ich sah dabei Dinge, die vor uns noch niemand gesehen hat, denn dieses Rohr kann das Angeschaute um das Zwanzigfache vergrößern.

Zuerst richteten wir das Rohr auf den Mond und konnten zum ersten Mal seine Oberfläche betrachten. Du wirst es nicht glauben: Der Mond hat Berge, ohne Zweifel, wie die Erde, obwohl er doch ein Himmelskörper ist und nach der Lehre des Aristoteles aus gänzlich anderem Material bestehen müsste als die Erde. Ich erschrak nicht wenig, als ich erkennen musste, dass der Himmel, wie wir ihn jahrhundertelang gedacht haben, gar nicht existiert.

Aber mehr noch zeigte uns das Rohr. Ich sah die Tausende von Sternen, von denen der Verbrannte gesprochen hat, ich wollte meinen Augen nicht trauen, aber ich habe sie gesehen. Galilei zeigte mir dann noch drei kleine Sterne in der Nähe des Jupiter, die er entdeckt hatte. Da Galilei tags zuvor dort vier Sterne gesehen hatte, saßen wir dann geschlagene zwei Stunden und berechneten alle möglichen Bahnverläufe, um zu verstehen, wo der vierte geblieben sein konnte. Er konnte nur hinter dem Jupiter verschwunden sein. Du wirst Dir denken können, was das bedeutet. Die Gestirne drehen sich nicht nur um die Erde, sondern auch umeinander. Dies alles spricht für die Wahrheit des kopernikanischen Systems.

Die Konsequenzen dieser Entdeckungen sind von uns heute noch kaum zu übersehen, und ich zögere nicht zuzugeben, dass ich auch Furcht empfinde angesichts der neuen Zeit, die da anbricht. Wo ist Gott in diesem neuen Weltbild? Müssen wir uns von der Vorstellung eines wirklich existierenden Gottes, der im Himmel über unser Schicksal wacht, verabschieden?
Unseren Freund Galilei lassen solche Fragen völlig kalt. Er glaubt an die sanfte Gewalt der menschlichen Vernunft. Er will sich noch nicht einmal vorstellen, dass die Kirche und ihre Theologen diese neuen Lehren als einen Angriff auf ihr Privileg der Auslegung der Wahrheit, ja auch auf ihre Macht ansehen werden. Er glaubt allen Ernstes, wenn er die Theologen vor sein Rohr schleifen werde, würden sie davon absehen, ihm einen Prozess wegen Ketzerei zu machen. Er will sogar, denke Dir, nach Florenz, in den Dunstkreis der Mönche, um mehr Zeit für seine Forschungen zu haben.

Seit gestern Nacht stehen wir vielleicht am Anfang einer neuen Zeit, mein lieber Freund. Diese Entdeckungen können vielleicht den Beginn der Umwälzung unseres ganzen Lebens bedeuten. Aber ich habe auch Furcht vor diesen Umwälzungen, die sich nicht, da bin ganz sicher, ohne große Erschütterungen vollziehen werden. Und ich habe große Angst um unseren Freund Galilei.

2. Die Präsentation des neuen Wissens (4. Bild)

Aufgabenstellung

1. Analysieren Sie die Präsentation des neuen Wissens im 4. Bild (S. 44, Z. 4–S. 50), indem Sie besonders auf die satirischen Elemente und sprachlichen Verfremdungseffekte sowie den sozialen Gestus der beteiligten Personen eingehen.
2. Erörtern Sie die wissenschaftstheoretischen und „politischen" Gründe für das Scheitern der Demonstration des neuen Wissens.

Lösungsvorschlag

Zu 2.1

Galilei versucht, vor den Augen des Großherzogs (ein neunjähriges Kind) und Teilen seines Hofes (Hofmarschall und zwei Hofdamen, zwei Hofgelehrte) und im Beisein seiner Schüler (Andrea, Federzoni) seine neuen Lehren zu präsentieren. Er eröffnet die Demonstration, in deren Mittelpunkt das Fernrohr steht, in einer wissenschaftlich-sachlichen Form, indem er den theoretischen Hintergrund seiner Entdeckungen erläutert. Er verdanke dem Fernrohr die Wahrnehmung von Sternen, deren Bewegungen nicht mit dem ptolemäischen Weltbild erklärt werden könnten. Offenbar erwartet er, dass sich die Hofgelehrten (ein Philosoph und ein Mathematiker) die neuen empirischen Phänomene mit dem Fernrohr ansehen werden und man dann zu einer wissenschaftlichen Erklärung der Phänomene übergehen kann. Stattdessen möchten die „Herren Kollegen" zuerst einen formalen Disput darüber führen, ob solche neuen Sterne möglich oder sogar nötig sind.

Diese Wendung der Dinge allein ist schon eine grundlegende Verfremdung der Erwartung auch des Zuschauers, der zumindest so viel vom Vorgehen der Wissenschaft weiß, dass deren Theoriebildung von beobachtbaren Phänomenen ausgeht. Es erweist sich, dass Galilei und die Hofgelehrten mit den gleichen Begriffen ganz Unterschiedliches meinen. Während für Galilei Fakten das sind, was man zweifelsfrei beobachten kann (S. 44), sind für den Mathematiker Tatsachen das, was der „göttliche Aristoteles" z.B. über die Kristallschalen der Sphären geschrieben hat. Auch der Begriff „Gründe" wird völlig kontrovers verwendet. Während Galilei keine Gründe dafür angeben kann oder muss, dass dasjenige, was er und alle anderen beobachten können, auch existiert, wird eben dies von dem Philosophen verlangt. Als später Galilei, der fast darüber verzweifelt, dass die Gelehrten das Fernrohr beharrlich ignorieren und damit seine Demonstration gar nicht erst in Gang kommt, die Gelehrten fast flehentlich bittet, in aller Demut „Ihren Augen zu trauen", antwortet der Mathematiker – eine satirische Überzeichnung des Buchgelehrten –:

„Lieber Galilei, ich pflege mitunter, [...], den Aristoteles zu lesen und kann Sie dessen versichern, daß ich da meinen Augen traue."(S. 48) Die Situation erlebt ihren fast schon grotesken Höhepunkt, als Galilei die Gelehrten mit der entscheidenden Frage konfrontiert, ob sie denn durch das Fernrohr sehen wollten oder nicht, beide mit „sicher" antworten, aber keinerlei Anstalten unternehmen, es zu tun. Ihre ganze Gelehrtheit besteht darin, zu jeder Sachfrage den Aristoteles zu zitieren und von dessen Weltgebäude voller „Ordnung und Harmonie" zu schwärmen. Die Gelehrten erscheinen aber nicht nur als satirisch überzeichnete Karikaturen von Buchgelehrten, sondern auch als sich äußerst zeremoniell präsentierende Höflinge. So verbeugen sie sich nicht nur vor dem anwesenden neunjährigen Großherzog, sondern zuweilen auch voreinander (S. 45). Ihre Sprache ist derart gedrechselt, dass der Zuhörer etwa den Satz „Wenn man sicher ..." (S. 46) erst durch einiges Nachsinnen als Betrugsvorwurf verstehen wird. Ihre Kommunikationsweise voller gestelzter Sätze ähnelt ganz der Sprechweise des Hofmarschalls, der in exaltierten und hyperbolischen Wendungen den Aufbruch der Hofgesellschaft einleitet. Letzterer ist offenbar an Wissenschaft völlig desinteressiert und hält in seiner blasierten Art den anstehenden Hofball ohnehin für den bedeutsameren Termin. Auch die Hofdamen sind kaum interessiert und betrachten das Fernrohr nur als Spielzeug, mit dem man vielleicht bildhafte Details der Sternbilder sehen könnte.

Dem zeremoniellen Gehabe, gepaart mit Desinteresse und Ignoranz, steht nicht nur Andrea, sondern auch Federzoni gegenüber, den Galilei, zum Unwillen der überheblichen Hofgelehrten, als Linsenschleifer und Gelehrten (S. 45, Z. 29f.) bezeichnet. Er ist der Vertreter jenes Handwerkerstandes, von dem Galilei später behauptet, diese Leute hätten ihn manchen neuen Weg gelehrt. Dass Galilei mehr und mehr – vielleicht aus Verärgerung – die praktische Vernunft der Handwerker als wahre wissenschaftliche Haltung den Buchgelehrten entgegensetzt, mag zwar seine wahre Einschätzung verraten, ist aber für den Erfolg seiner Demonstration nicht gerade hilfreich. Federzoni sind alle rhetorischen Floskeln zuwider. Er ist derjenige, der den verklausulierten Betrugsvorwurf des Philosophen offen ausspricht. Der Dummheit der Hofdamen begegnet er mit einem anzüglichen Spruch.

Die satirischen Züge dieses Bildes werden durch den scharfen Kontrast zwischen dem Hofpersonal und den „normalen" Menschen aus Galileis Umgebung verstärkt, was am Ende noch einmal zum Ausdruck kommt, als Frau Sarti der Hofgesellschaft Gebäck anbieten will.

Zu 2.2
Das 4. Bild führt in satirisch verfremdender Darstellung das Scheitern Galileis vor, seine bahnbrechenden astronomischen Entdeckungen einem Teil der damaligen wissenschaftlichen Elite zu demonstrieren. Dieses Scheitern mag in der historisierenden und verfremdenden Darstellung des Stücks als Beweis der Beschränktheit, ja sogar Dummheit der Buchgelehrten des frühen 17. Jahrhunderts gelten, hat doch die weitere Geschichte der Wissenschaft Galilei Recht gegeben und nicht den Aristotelikern seiner Zeit. Gleichwohl stoßen doch im Jahre 1610, und hierin ist Brechts Stück nicht nur eine historisierende Darstellung, zwei unvereinbare Auffassungen von „wissenschaftlicher" Wahrheit aufeinander. Dabei geht es um mehr als unterschiedliche Lehrmeinungen innerhalb einer wissenschaftlichen Disziplin, es geht vielmehr um ein unterschiedliches Grundverständnis davon, was überhaupt Wissen ausmacht.

Während Galileis neue Art des Wissens als Vorläufer des späteren naturwissenschaftlichen Wissens von empirischen Beobachtungen der Natur ausgeht, die eine wissenschaftliche Theorie zu erklären hat, und eine Theorie nur dann begründet ist, wenn sie die Fakten der empirischen Beobachtungen erklären kann (vgl. Galileis einleitende Problembeschreibung, S. 44), ist dem alten spekulativen philosophischen Wissen eine Berufung auf empirische Fakten völlig fremd.

Das, was wirklich und wahr ist, bemisst sich an der Autorität abstrakter philosophischer Gedankengebilde, die, wie die Kosmologie des Aristoteles, nicht nur durch ihr ehrwürdiges Alter, sondern auch durch die Tatsache bewahrheitet sind, dass sie von den „Hohen Kirchenvätern selbst anerkannt" worden sind (S. 48). Auch solches Denken erkennt Gründe an, die aber nichts mit empirischen Fakten zu tun haben, sondern damit, dass eine solche Theorie Argumente enthält, die in einem logischen, „formalen" Sinne die Möglichkeit, ja die Notwendigkeit darlegen, dass es sich so verhält, wie die Theorie es sagt. Deshalb ist die Einlassung des Mathematikers, dass es möglich sei, dass das, „was in Ihrem Rohr ist und was am Himmel ist, zweierlei sein kann" zwar auch, aber eben nicht nur ein Vorwurf des Betrugs, sondern stellt die letzte Konsequenz eines Verständnisses von Wissen dar, das nur auf der Anerkennung philosophischer Argumente beruht.

Vor diesem Hintergrund ist es nur konsequent, wenn der Hofmarschall am Schluss des Bildes die Begutachtung der Entdeckungen Galileis durch P. Clavius, den Hauptastronomen des Vatikan, einer von der Kirche bestallten Autorität im Bereich der Astronomie, in Aussicht stellt.

Ein weiterer Aspekt ist hier wichtig. Die eigentliche geistige Autorität übt die Kirche samt ihren Kirchenvätern und Theologen aus insofern, als die philosophischen Gedanken besonders des Aristoteles nur deshalb als Autorität gelten, weil ihre Argumente die Theologie der Kirche stützen. Die Autorität der Kirche hat aber auch eine politisch-gesellschaftliche Dimension. Dies klingt an in dem besorgten Einwurf des Philosophen „Eure Hoheit [...] ich frage mich nur, wohin dies alles führen soll", als Galilei den Gelehrten entgegnet hatte, die Wahrheit sei nicht Kind der Autorität, sondern Kind der Zeit. Auf den Einwand Galileis, als Wissenschaftler habe man sich nicht zu fragen, wohin die Wahrheit führen könne, entgegnet der Philosoph „*wild:* Herr Galilei, die Wahrheit mag uns zu allem möglichen führen!" (S. 49) Ganz in diesem gesellschaftlich bedeutsamen Sinn von wissenschaftlicher Wahrheit spricht Galilei davon, dass die neue Wissenschaft zwar nicht die Milchpreise senken, aber doch andere „für unerschütterlich angesehene Lehren ins Wanken" bringen könne. Das neue Wissen erschüttert nicht nur das alte Wissen, das ein Herrschaftswissen ist – ein Wissen für die wenigen, was z. B. auch in den abfälligen Äußerungen der Gelehrten über das praktische Wissen der Handwerker zum Ausdruck kommt –, sondern es könnte auch, weil es der Denkweise und der Sprache der vielen entspricht, zu einer Gefahr für die Herrschaft der wenigen werden, in deren Dienst die Hofgelehrten stehen und deren konservative Interessen sie mit ihrem aus der Autorität beglaubigten Wissen stützen. Von daher ist es mehr als naiv von Galilei zu glauben, gerade diese Hofgelehrten als Bundesgenossen bei der Erschütterung überkommener Lehren gewinnen zu können.

3. Dramaturgische und sprachliche Gestaltungsmittel im 6. Bild

Aufgabenstellung

Interpretieren Sie das 6. Bild durch eine Analyse seiner dramaturgischen und sprachlichen Gestaltungsmittel.

Mögliche Gliederung

A. Einordnung der Szene im Stück

B. Interpretation

  (1) Verhältnis Szenen-Titel – Handlung der Szene

  (2) Dramaturgie der Szene im Überblick

  (3) Vier Stufen der Konfrontation

    a) Der joviale Kirchenmann – Verspottung des Neuen

    b) Die forschungsunwilligen Forscher – Ignorieren des Neuen

    c) Der fanatische Mönch – Anklage des Neuen

    d) Der Kirchenfürst – Bedrohung des Neuen

  (4) Das (nicht) überraschende Ende der Konfrontation

C. Die Dialektik des Schlusses

Lösungsvorschlag

A. Das 6. Bild spielt in Rom in einem Saal der Päpstlichen Universität in der Nacht, in der P. Clavius, der Chefastronom des Vatikan, Galileis astronomische Entdeckungen einer Prüfung unterzieht. Das Bild stellt die erste Stufe einer sich über zwei Jahrzehnte hinziehenden Auseinandersetzung Galileis mit der Kirche dar.

B. (1) Der Szenen-Titel teilt lediglich das Faktum mit, dass P. Clavius die Forschungen Galileis bestätigt hat. Das Epigramm macht auf die Tatsache aufmerksam, dass es ein seltener Vorgang sei, wenn ein „Lehrer“ sich noch einmal ans Lernen mache. Der Zuschauer mag allerdings relativierend hinzufügen, dass Galilei, so wie ihn das Stück bisher gezeigt hat, ebenfalls der Typus eines Lehrers ist, der zugleich ein begeistert Lernender, d.h. Neues Entdeckender ist. Jedoch kann es als etwas Außergewöhnliches gelten, wenn Clavius, der Gelehrte im Dienste der Kirche, Galilei Recht gibt.
Es fällt auf, dass, entgegen der üblichen Praxis Brechts, im Titel einer Szene die Handlung des Bildes in Kurzform vorwegzunehmen, um die Aufmerksamkeit des Zuschauers vom Was auf das Wie des Bühnengeschehens zu lenken, er mit dem 6. Bild einen Schritt weitergeht. Das Bild führt ein ganzes Ensemble geistlicher Personen vor, die mit dem anwesenden Galilei auf den Aus-

gang der Prüfung warten. Brecht lenkt mit dieser indirekten Darstellung des Geschehens die Aufmerksamkeit auf seine Deutung durch die anwesenden Dramenfiguren.

B. (2) Die Szene hat eine präzise dramaturgische Raum- und Zeitstruktur. Sie weist zudem eine deutliche Spannungssteigerung auf, die durch die unterschiedlichen wortführenden Personen in ihrer Auseinandersetzung mit dem neuen Wissen und seinem Repräsentanten Galilei zustande kommt. Jede dieser Personen steht, ein Gestaltungsmittel besonders der epischen Dramaturgie, für einen Typus unter den Vertretern des alten Wissens, wobei die Auseinandersetzung durch sich steigernde Aggression geprägt ist. Im Saal des Collegium Romanum haben sich eine Vielzahl von Gelehrten, Mönchen und anderen Geistlichen eingefunden, die aus Anlass der Untersuchung den Raum der päpstlichen Universität fast ganz ausfüllen. Galilei, der Anlass dieser nächtlichen Untersuchung, wartet zuerst unbeachtet von den anderen allein an der Seite des Saals. Dieses räumliche Arrangement verdeutlicht, dass das neue Wissen hier noch keinen Platz hat, dass sein Vertreter ein randständiger Außenseiter ist. Die Stimmung der geistlichen Herren ist zu Beginn äußerst aufgeräumt, geht aber in Ärger über, als sich Clavius mit dieser „Kleinigkeit" so lange Zeit lässt.

B. (3) Die folgenden Figurenreden und Gespräche sind durch eine Reihe von gestisch-sprachlichen Verfremdungseffekten gestaltet.

a) Das Gelächter am Anfang hat seinen Ursprung bei einem dicken Prälaten, der anfangs das Wort führt. Er ist schon äußerlich als jener Typus eines Gottesmannes charakterisiert, der seine geistlichen Pflichten aufs Angenehmste mit den irdischen Genüssen des Lebens zu verbinden weiß. Seine joviale, sinnenfrohe Natur nimmt keinen Anstoß daran, dass die Kollegen Gelehrten ihn mit Hinweisen auf seine „Mahlzeiten" aufziehen, gar Anspielungen auf Alkoholkonsum und gefällige Damen machen. Seine Haltung gegenüber dem neuen Wissen besteht darin, sich über die Dummheit dieser Leute lustig zu machen, die alles glaubten, nur nicht das Vernünftige. Vernünftig wäre für ihn, so sein im Kontext von Wissensfragen eher befremdliches Beispiel, die Existenz des Teufels. Seine sichtlich gute Laune provoziert einige Mönche und Gelehrte zu einer ausgelassenen und albernen Parodie auf die neue Astronomie, indem sie pantomimisch die Folgen der neuen Lehre (etwa den durch die Erddrehung hervorgerufenen Schwindel) darstellen. Das neue Wissen wird hier von der selbstgewissen Dummheit der Vertreter des alten Wissens als „Schwindel" denunziert und zugleich verspottet.

b) Zwei Astronomen kommen aus der Sternwarte zurück und berichten, dass P. Clavius die Behauptungen Galileis immer noch untersuche. Die Stimmung schlägt um, mehrfach ist der Vorwurf „Skandal" zu hören. Beide Astronomen zeigen eine andere Version des Umgangs mit dem neuen Wissen: die Selbstbeschränkung der Forschung durch Ignorieren der Phänomene. Seit vielen Jahren seien ihnen, so berichten sie, Phänomene bekannt, die mit den traditionellen Lehren und dem ptolemäischen Weltbild nicht zu erklären sind. Ihre Reaktion besteht aber darin, keinerlei Konsequenzen aus ihren Beobachtungen zu ziehen. Ein besonders prägnanter Verfremdungseffekt liegt darin, dass sie die mögliche Konsequenz „Soll man also fragen, wo sind die Sphären?" als rhetorische formulieren, die nur ein Nein zulässt, obschon sie jeder ernsthafte Wissenschaftler mit Ja beantworten müsste. Sie bedauern stattdessen, überhaupt die Tafeln des Kopernikus für astronomische Berechnungen benutzt zu haben, ohne dass ihnen der Widersinn auffällt, Erkenntnisse praktisch genutzt zu haben, die auf einer Theorie beruhen, die in Erwägung zu ziehen sie sich weigern. Sie weichen mit der resignierenden Bemerkung „Es gibt Erscheinungen, die uns Astronomen Schwierigkeiten bereiten, aber muß der Mensch alles verstehen?" (S. 60) dem neuen Wissen aus und verlassen den Saal.

c) Der sehr dünne, schon äußerlich als Typus des asketischen Fundamentalisten gekennzeichnete Mönch sucht die neue Lehre mit Berufung auf Stellen des Alten Testaments in eiferndem, aggressiven Ton zu widerlegen. Für ihn stellt sich wissenschaftliche Forschung überhaupt als ein Anschlag auf die unvergängliche Heilslehre des Evangeliums dar. In seinem hasserfüllten Buchstabenglauben nimmt er schon die moderne Biologie, die keinen (qualitativen) Unterschied mehr machen werde zwischen Mensch und Tier, als düstere Prophezeiung voraus. Galilei, der sich persönlich angegriffen fühlt, beantwortet diesen Ausbruch blinden Glaubenseifers mit einer kleinen Vorführung, die die Dummheit einer solchen Position entlarvt. Er lässt einen kleinen Stein fallen und antwortet auf den Hinweis eines Gelehrten, ihm sei etwas heruntergefallen: „Hinauf, Exzellenz".

d) Die Konfrontation des alten mit dem neuen Wissen verschärft sich durch den Auftritt eines sehr alten Kardinals vom Typus des stolzen Kirchenfürsten. Brecht gestaltet diesen Auftritt insofern als einen Verfremdungseffekt, als dessen selbstherrliche Ausführungen im krassen Widerspruch zu seinem Alter und seiner körperlichen Gebrechlichkeit stehen. Mit herrischer Geste tut er das entstandene astronomische Problem als „Kleinigkeit" ab, um dann sofort das Verdikt über den Urheber zu fällen. Als er erfährt, dass Galilei anwesend ist, geht er zu einer unverhohlenen Drohung gegen den „Ketzer" über. Dann reißt er sich von seinen Helfern los, stolziert ohne Hilfe auf und ab und will die Wahrheit der alten Lehre aus eigener Kraft gleichsam körperlich demonstrieren. Dabei gerät ihm diese Demonstration unversehens zu einem sehr egozentrischen Hymnus auf den Menschen; auf ihm ruhe das Auge des Schöpfers, auf ihn allein komme alles an, wobei er bei dem Wort „unvergänglich" entkräftet zusammenbricht. Der Auftritt des Kardinals macht deutlich, dass in der bedingungslosen Verteidigung des alten Weltbildes auch ein Machtanspruch des Menschen zum Ausdruck kommt, gegen die eigene Natur, deren Vergänglichkeit der Glaube aufzuheben verspricht, aber auch der Anspruch der Kirche, deren Würdenträger der Kardinal ist, auf eine ausgezeichnete, beherrschende Stellung. Durch den Zusammenbruch des Kardinals wird die Haltlosigkeit solcher Ansprüche und damit letztlich die Machtlosigkeit des alten Weltbildes vor dem neuen Wissen symbolisiert.

B. (4) Dieser Eindruck verstärkt sich, als P. Clavius den Saal durchquert und, schon am Ausgang, eher beiläufig Galileis Forschungen bestätigt. Zwei Worte genügen, um die sich steigernde Konfrontation mit dem neuen Wissen in sich zusammenbrechen zu lassen. Alle geistlichen Herren verlassen wortlos und verstört den Saal und überlassen Galilei und seinem neuen Wissen den Raum. Nur ein kleiner Mönch aus der Untersuchungskommission wendet sich verstohlen an Galilei und gibt die ambivalente Bemerkung des Paters wieder, jetzt müssten die Theologen die Himmelskreise wieder einrenken. Am Schluss begegnet Galilei dem Großinquisitor, der sich ebenfalls das Fernrohr vorführen lassen will.

C. Der Fortgang des Stücks wird zeigen, dass keineswegs die Vernunft gesiegt hat, dass Galilei allenfalls einen kurzen Etappensieg errungen hat. Schon im nächsten Bild wird die Lehre des Kopernikus, für deren Wahrheit Galilei Beweise gefunden hat, die soeben von einer Instanz der Kurie anerkannt worden sind, auf den Index gesetzt. Zwar stellt sich die Kirche im 6. Bild in Gestalt des P. Clavius nicht mehr blind gegen die Wissenschaft, aber der Primat der Theologie bleibt unerschüttert. Den letzten Auftritt hat, von ehrfürchtig-ängstlichem Flüstern begleitet, der Kardinal-Inquisitor, der eigentliche Glaubenswächter der Kirche und oberste Ankläger in Fragen der Ketzerei.

4. Die Funktion des 8. Bildes im Dramenzusammenhang

Aufgabenstellung

1. Analysieren Sie das 8. Bild und erläutern Sie seine Funktion im Zusammenhang des Dramas.
2. Schreiben Sie einen Brief des kleinen Mönchs Fulganzio an den Pfarrer seines Heimatdorfes, Pater Francesco, der dem begabten Jungen ein Studium ermöglicht hat, worin Fulganzio seine Beweggründe für den Wechsel zu Galilei erläutert.

Lösungsvorschlag

Zu 1.1

(1) Das Bild spielt im Garten des florentinischen Gesandten in Rom im engen zeitlichen Anschluss an die Ereignisse des 7. Bildes, in dem Galilei offiziell verwarnt wurde, die Lehre des Kopernikus weiterhin als wissenschaftliche Wahrheit zu vertreten. Es besteht nur in einer Unterredung zwischen Galilei und dem kleinen Mönch, der als Mitglied der Wissenschaftlerkommission um P. Clavius am Ende des 6. Bildes als Einziger Galilei zu seinem Sieg gratuliert hatte. Am Anfang ist Galilei noch aufgebracht wegen des Dekrets gegen die Kopernikaner, das seine Arbeit theoretisch entwertet, und begegnet dem kleinen Mönch, in dem er nur einen Vertreter des geistlichen Standes sieht, mit schneidendem Hohn. Erst allmählich, als er die Ernsthaftigkeit des jungen Mannes spürt, beruhigt er sich und hört Fulganzio zu. Dieser berichtet, er habe drei Nächte lang nicht geschlafen, weil er die widersprüchliche Haltung der Kirche (Anerkennung von Galileis Forschungsergebnissen und zugleich Indizierung des Kopernikus wegen Ketzerei) nicht habe verstehen können. Jetzt aber glaube er, die Weisheit des Dekrets erkannt zu haben, und wolle Galilei dessen Beweggründe erläutern.
Fulganzio erzählt in eindringlichen Worten vom Leben seiner Eltern, einfachen Bauern aus der Campagna, das von Mangel und unaufhörlicher harter Arbeit geprägt ist. Das beständige Unglück sei nur zu ertragen durch Ordnung, Regelmäßigkeit und die tröstenden Worte der Heiligen Schrift. Die astronomischen Erkenntnisse Galileis aber könnten diese Lebensordnung erschüttern. Die einfachen Leute könnten sich und ihr Elend nicht mehr als Teil eines göttlichen Welttheaters verstehen, in dem ihnen zwar schwere, aber immerhin sinnvolle Rollen zugewiesen seien. Vor einem solchen Hintergrund könne man des Dekret als Ausdruck der mütterlichen „Seelengüte“ der Kirche betrachten, das auch den Astronomen bewegen könne, vom weiteren Ausbau seiner Lehre abzusehen.

(2) Durch den Ausdruck „Seelengüte" provoziert, schildert Galilei, ganz im Sinne einer materialistischen Ideologiekritik, die sozialen Zusammenhänge des Dekrets. Es gehe dabei tatsächlich um die Lage der Campagnabauern. Deren Elend rühre von den Kriegszügen des Papstes her, die er sich mit dem Arbeitsertrag der Bauern bezahlen lasse. Das Dekret zementiere die Mittelpunkt-Stellung der Erde nur deshalb, damit die Macht des Papstes als Mittelpunkt der Erde weiter legitimiert werden könne. Er, Galilei, lehne im Übrigen eine Ethik ab, die Tugend an Elend und Erdulden knüpfe. Seine neuen Wasserpumpen würden den Bauern mehr helfen als jede religiöse Sinngebung ihres Lebens. Als der kleine Mönch immer noch von dem Seelenfrieden der Armen spricht, dem man als Priester verpflichtet sei, berichtet Galilei von den teuren Geschenken, die ihm die Kirche als Preis für sein Schweigen zukommen lasse und die mit dem Schweiß der Armen bezahlt würden. Wenn er schwiege, dann sicher nicht aus religiösen Überzeugungen, sondern aus ganz handfesten materiellen Gründen wie Wohlleben oder Angst vor der Folter.

(3) Galilei wendet sich dann an den Physiker in seinem Gesprächspartner. Er weist auf eine Holzstatue im Garten hin, einen römischen Fruchtbarkeitsgott, und zitiert aus einem Gedicht von Horaz, in dem ein solcher Priap zu Wort kommt. So wie der Dichter sich seine Gedichte nicht durch Eingriffe von außen verändern lassen könne, so verletze es seinen Schönheitssinn als Physiker, wenn sein Weltbild Lücken aufweise, die die Kirche festlegt. In der Welt des Wissens und der Wissenschaft habe die Kurie keinerlei Befugnisse. Wissen und Vernunft könnten sich aber nur durchsetzen, wenn sich auch die Vernünftigen durchzusetzen verstünden.

(4) Das Gespräch endet mit einer „Berufsprobe" des jungen Mönches. Galilei wirft ihm einen Packen Manuskriptblätter hin, seine neue Theorie von Ebbe und Flut, mit der ausdrücklichen Aufforderung „Aber du sollst sie nicht lesen, hörst du?", was aber der junge Mönch gar nicht mehr hört, da er sich schon fieberhaft in das Manuskript vertieft hat. Galilei widerlegt hiermit sinnfällig eine mögliche Selbstbeschränkung der Wissenschaft aus theologischen Gründen. Den Mönch betrachtend, äußert er jetzt aber auch einige pessimistisch klingende Sätze über die Wissenschaft. Er bemüht den biblischen Mythos der Entstehung der Erbsünde durch Essen vom Baum der Erkenntnis und beschreibt sich, den Physiker, als einen fast zwanghaften Charakter, der das, was er entdeckt, unter allen Umständen weitersagen müsse.

(5) Das 8. Bild steht ziemlich genau in der Mitte des Dramas und bildet zwar so einerseits gleichsam das Zentrum des Stücks, hat aber andererseits keinen wesentlichen Bezug zum historischen Galilei-Geschehen, noch ist es ein unverzichtbarer Bestandteil der Galilei-Handlung des Dramas. Es dient in erster Linie als Reflexion über das (bisherige) Geschehen, als deutender Kommentar

zur Handlung: Aufgaben, die in anderen Stücken Brechts spezielle epische Gestaltungsmittel wie Songs, Publikumsansprachen der Figuren oder eine eigene Erzählerfigur erfüllen: Distanz zu schaffen, eine zweite verfremdende Perspektive auf die Handlung zu eröffnen und damit die Deutung des Geschehens durch den Zuschauer zu ermöglichen. Oft widersprechen solche epischen Gestaltungsmittel (scheinbar) der eigentlichen Handlung, und der Widerspruch ist auch ein zentrales Element des 8. Bildes.
Die Szene ist nur in geringem Ausmaß ein wirklicher Dialog; in langen Figurenreden präsentieren vielmehr erst der kleine Mönch, dann Galilei einander widersprechende Deutungen der vorangegangenen Ereignisse (vor allem des Dekrets gegen die Kopernikaner). Da ist zuerst die lange Rede Fulganzios über die Weisheit des Dekrets, den Mühseligen und Beladenen den Sinn ihres Daseins zu erhalten. Dies ist in der Gestaltung Brechts keine bloße Karikatur einer religiösen Sinngebung, sondern Ausdruck eines tiefgläubigen jungen Menschen, der zudem um die Härte des Lebens weiß. Dem widerspricht Galilei durch eine ideologiekritische Deutung der Ereignisse, die ganz auf die machtpolitischen Beweggründe der Kurie abzielt.
Des Weiteren stellt Galilei im Gegensatz zum kleinen Mönch, der den Verzicht auf Forschung aus religiösen Überlegungen zumindest in Erwägung zieht, die These auf, dass die Vernunft keine Einschränkung von Seiten der Theologen dulde, weil dadurch in gewisser Weise der „Schönheitssinn" des Wissenschaftlers verletzt werde. Aber dann erscheint, in den Worten Galileis, ein freies, von keiner fremden Instanz reglementiertes Wissenwollen wie eine Art selbstzerstörerischer Trieb, ja das Aussprechen der Wahrheit wird geradezu als Laster bezeichnet, was in gewisser Weise auch die Aussage vom Schönheitssinn des Wissenschaftlers relativiert.

Zu 4.2

Sehr verehrter Pater Francesco,

ich befürchte, ich werde Ihnen vielleicht großen Kummer bereiten, aber meine Verpflichtung zur Wahrheitsliebe auch vor Gott und mein Respekt vor Ihnen lässt mir keine andere Wahl, als Ihnen mitzuteilen, dass ich mein Amt im Collegium Romanum aufgegeben habe, um als Mitarbeiter jenem größten Wissenschaftler unserer Zeit zu dienen, dessen Name derzeit in aller Munde ist: Galileo Galilei. Ich weiß, dass dieser Galilei in unserer heiligen Mutter Kirche mit gemischten Gefühlen betrachtet wird, viele halten ihn für einen Ketzer, da er mit seinen astronomischen Forschungen die Lehre des Kopernikus bewiesen haben soll, die unlängst auf den Index gesetzt wurde.

Damit Sie verstehen, warum ich diesen Schritt getan habe, wenn Sie ihn vielleicht auch nicht billigen können, will ich Ihnen kurz von den Umständen meiner Entscheidung berichten. Ich habe mich, wie Sie wissen, seit jeher nicht nur meinen seelsorgerischen Aufgaben als Priester gewidmet, sondern war auch davon fasziniert, die Geheimnisse von Gottes Schöpfung wissenschaftlich zu ergründen, was schließlich zu meiner Aufnahme ins Collegium Romanum geführt hat. Hier nun war ich vor einigen Monaten Zeuge, als der von uns allen verehrte P. Clavius die Forschungen des Galilei mittels des Fernrohrs bestätigte. Umso ratloser ließ mich die bald folgende Indizierung der Lehre des Kopernikus zurück, die doch mit Galileis Entdeckungen aufs Engste verknüpft ist.

Tagelang grübelte ich über den Sinn des Dekrets, schließlich schien ich eine Erklärung gefunden zu haben und machte mich auf, das Gespräch darüber mit dem großen Mann zu suchen. Ich fand ihn erregt und verbittert, aber er erlaubte mir, meine Deutung vorzutragen. Ich sah damals in dem Dekret eine weise Entscheidung der Kirche, gerade den Ärmsten unter Gottes Kindern, den Bauern wie meinen Eltern, nicht den Sinn ihrer Existenz zu nehmen. Aber Galilei wies diese meine Deutung schroff zurück, sprach stattdessen von Machenschaften der Kirche, ihre weltliche Macht zu bewahren auf Kosten jener kleinen Leute, um deren Seelenheil es ihr angeblich zu tun sei. Ich will diese Dinge nicht im Einzelnen wiederholen, manches mag auch im Ärger gesprochen worden sein. Aber dann sagte er etwas, was mich wirklich beeindruckte. Er sprach vom „Schönheitssinn" des Wissenschaftlers, von der Vernunft des denkenden Menschen, die sich von keiner anderen Seite, auch nicht durch die Theologie, ihre Rechte beschneiden lassen dürfe. Als Galilei mir dann noch eine Abhandlung über die Gründe von Ebbe und Flut zeigte, die er geschrieben hatte, vertiefte ich mich, wie von einem inneren Zwang getrieben, sofort in diese Schrift und bemerkte bald, dass er auch auf diesem Gebiet ein Tor für ein neues Wissen aufgetan hatte, das uns lange verschlossen war.

Verzeihen Sie, lieber Pater Francesco, die Wahrheit ist, dass Galilei mich darin bestärkt hat, selbst Physiker sein zu wollen, denn es gibt noch so viel zu entdecken, was auch das mühselige Leben der Menschen erleichtern könnte. Ich bete zu Gott, dass mein Entschluss nicht dazu führen wird, dass ich meine geistliche Berufung ganz aufgeben müsste, aber ich vermag mir nicht vorzustellen, dass Gott, der uns Menschen mit der Gabe der Vernunft ausgestattet hat, Anstoß daran nehmen könnte, dass wir uns dieser Gabe zum Wohle der Menschen bedienen.

Ihr allzeit ergebener Schüler Fulganzio

5. Der Gesprächsverlauf im 12. Bild

Aufgabenstellung

1. Untersuchen Sie das 12. Bild von *Leben des Galilei* unter besonderer Berücksichtigung des Gesprächsverlaufs und des Verhältnisses der beiden Figuren.
2. Deuten Sie die Verwandlung des Papstes unter dem Gesichtspunkt des sozialen Gestus.

Lösungsvorschlag

Zu 5.1

Mögliche Gliederung

A. Einordnung des Bildes in den Kontext
B. Aufbau und Verlauf des Gesprächs
  (1) Konflikthafte Eröffnung
  (2) Der schweigende Papst
  (3) Wiederaufnahme des Gesprächs
  (4) Entschluss zum Prozess
C. Strategien der Annäherung
D. Der „Kompromiss"

A. Im 11. Bild war Galilei im Zusammenhang mit der Veröffentlichung seines Werks *Dialog über die beiden hauptsächlichsten Weltsysteme* von der Inquisition, der päpstlichen Behörde zum Schutz des Glaubens, nach Rom vorgeladen und von seinem Landesherrn und Arbeitgeber, dem Großherzog der Toskana, an die Inquisitionsbehörde ausgeliefert worden. Aufgabe dieser Glaubensbehörde ist nicht nur, alle Schriften auf ihre Übereinstimmung mit dem katholischen Glauben hin zu überprüfen und gegebenenfalls ketzerische Schriften zu verbieten, sondern auch Beweismittel gegen solche Personen zu sammeln, die aufgrund ihrer Äußerungen der Ketzerei verdächtig sind. Um ein förmliches Inquisitionsverfahren zu eröffnen, bedarf es jedoch der Zustimmung des Papstes. Das 12. Bild stellt nun das entscheidende Gespräch zwischen dem Papst und dem Kardinal-Inquisitor, dem obersten Ankläger der Inquisitionsbehörde, dar, in dem der Inquisitor versucht, die Zustimmung des Papstes zu einem förmlichen Ketzerprozess gegen Galilei zu erhalten.

B. Das Gespräch findet offenbar zu einem Zeitpunkt statt, an dem der Papst durch Anlegen seines Ornats auf einen offiziellen Empfang vieler untergeordneter Geistlicher vorbereitet wird, deren Schritte draußen zu vernehmen sind. Das Gespräch lässt sich in vier Abschnitte gliedern:

a) einer kurzen Konfrontation zwischen Papst und Inquisitor (S. 105, Z. 14),
b) einen langen Vortrag des Inquisitors, während der Papst schweigt (S. 105, Z. 15 – S. 107, Z. 11),
c) einen Austausch von Argumenten zwischen beiden Personen (S. 107, Z. 12 – S. 108, Z. 17),
d) einen kurzen Schlussabschnitt, in dem die Entscheidung zu einem Ketzerverfahren getroffen wird.

B. (1) Die Szene beginnt mit einem offenen Konflikt zwischen Papst und Inquisitor. Am Anfang steht ein erregt vorgetragenes, durch zweimalige Wiederholung verstärktes, entschiedenes „Nein" des Papstes. Dabei handelt es sich vermutlich um eine entschlossene Weigerung, der bereits vorgetragenen Bitte des Inquisitors um die Eröffnung eines förmlichen Prozesses gegen Galilei zu entsprechen. Der Inquisitor begegnet dieser Weigerung mit einer gewundenen Frage, in der es zwar vordergründig um eine Bestätigung der päpstlichen Entscheidung geht, aber auch die Ungeheuerlichkeit anklingt, dass er, der Papst nämlich, wenn er sich weigere, faktisch zugestehe, dass „die Schrift nicht länger für wahr gelten könne". Wenn der Inquisitor weiter nachfragt, ob der Papst denn bereit sei, dies offiziell vor all jenen zu verkünden, die zu ihm kämen, um die Bestätigung ihres „kindlichen" Glaubens zu finden, dann schwingt unausgesprochen die Einschätzung mit, dass der oberste Hirte der Gemeinde der Gläubigen die Grundlagen seiner Autorität untergrabe, wenn er dies tue. Der Papst jedoch geht auf diese Vorhaltung nicht ein und bestätigt mit einem weiteren entschiedenen Nein, dass er die Rechentafel nicht zerbrechen werde. Es ist daran zu erinnern, dass Urban VIII. der frühere Kardinal Barberini, ein gelernter Mathematiker ist.

B. (2) Seine Entscheidung hat anscheinend definitiven Charakter, denn im Folgenden schweigt er verstockt, während der Inquisitor eine Reihe von Gründen vorbringt, die klarmachen sollen, dass es in dem Konflikt mit Galilei gar nicht um Wissenschaft gehe. In Wahrheit, so der Kardinal, gehe es um das Fundament der menschlichen Gesellschaft, ob die Gesellschaft auf dem Glauben oder aber, wie diese Unruhestifter propagierten, auf dem Zweifel gegründet sein solle, wobei als Beispiele für das, was bezweifelt werden könne, eben nicht theologische Lehrmeinungen, sondern soziale Rangordnung oder Eigentumsverhältnisse genannt werden. Als Nächstes verschränkt der Inquisitor eine Reihe von politischen Argumenten miteinander, wobei diesen Äußerungen auch eine versteckte Kritik der päpstlichen Politik zu entnehmen ist, der sich nämlich, so gehe „das Gerücht", in einer Zeit, in der die Kirche durch Krieg, Pest und Reformation „zu einigen Häuflein zusammenschmilzt", mit den protestantischen Mächten gegen den katholischen Kaiser verbündet habe. In dieser Zeit des Niedergangs des päpstlichen Ansehens, das auch mit dem Geldbedarf des Papstes für seine Kunstsammlungen zu tun habe, werde dem Papst auch noch, durch die Astronomie, seine einzig verbliebene Kompetenz, die der Weltdeutung durch die Autorität des Glaubens, bestritten. Der Inquisitor sieht in dem heraufziehenden Zeitalter der Vernunft in jeder Hinsicht einen Angriff auf die geistliche Autorität und damit zugleich politische Macht der Kirche, und er schildert diese Situation so, als sei Galilei nichts anderes als Teil einer allgemeinen sozialen Verschwörung einer anonymen Masse („diese Leute"), die sich dem Wahnsinn der Vernunft verschrieben hätten.

B. (3) Auf den ersten Blick machen diese Argumente wenig Eindruck auf den Papst. Er schweigt beharrlich. Als er endlich wieder das Wort ergreift, ist es eher eine Nebensächlichkeit, der mangelnde Geschmack Galileis, der diesen dazu bringe, in der Volkssprache zu schreiben, bei dem er ein erstes Einverständnis mit dem Inquisitor signalisiert. Aber noch geht der Papst davon aus, das ließe sich in einem privaten Gespräch klären. Der Inquisitor geht jetzt auch einen Schritt auf den Papst zu, indem er zugesteht, den oberitalienischen Städten die Sternkarten aus materiellen Gründen zu erlauben. Dies aber motiviert den Papst, auf den Widerspruch hinzuweisen, der darin bestehe, die neuen Sternkarten zu benutzen, das Wissen aber, auf dem diese beruhten, zu verbieten. Worauf der Inquisitor lapidar feststellt: „Warum nicht? Man kann nichts anderes." Hier wird die zynische Seite der Macht deutlich, um die es in diesem Konflikt eigentlich geht. Der Papst scheint zu spüren, dass er den Notwendigkeiten des Machterhalts nicht ausweichen kann, weshalb ihn auch die Geräusche seiner draußen vorbeischlurfenden Diener mit ihren Erwartungen nervös machen. Zwar bringt er noch einige Argumente gegen einen Prozess vor (Galilei sei ein bedeutender Physiker, man werde die Kirche „eine Senkgrube verfaulter Vorurteile" nennen. Fast bewundernd erinnert er an die sinnliche Vernunft Galileis), aber dies erscheint eher wie ein Rückzugsgefecht, der Inquisitor geht auf diese Argumente gar nicht mehr ein, versichert dem Papst nur zynisch, man brauche Galilei nicht der Folter zu unterwerfen, eben weil er ein Mann des Fleisches sei.

B. (4) Die Entscheidung für ein Verfahren gegen Galilei fällt erst, als der Papst vom Inquisitor erfährt, Galilei habe sich zwar formal an das Dekret von 1616 gehalten, also die kopernikanische Lehre nur als Hypothese in einem Streitgespräch zwischen zwei Vertretern des alten und des neuen Weltbildes erläutert, habe aber die offizielle Lehrmeinung der Kirche dem offensichtlich dummen Gesprächspartner in den Mund gelegt.

C. Das Gespräch zeigt eine schrittweise Annäherung anfänglich völlig entgegengesetzter Positionen der Gesprächspartner. Der Vorschlag, Galilei einen Ketzerprozess zu machen, trifft auf die entschiedene Ablehnung des Papstes, am Ende aber wird genau dieser Prozess angeordnet. Es liegt also nahe, die

Meinungsänderung des Papstes mit den Argumenten des Inquisitors in Verbindung zu bringen. Da sein anfänglicher in eine Frage gekleideter Vorwurf, der Papst werde durch Nichtstun im Fall Galilei seine vornehmste religiöse Aufgabe, die Wahrheit der Heiligen Schrift zu bezeugen, verfehlen, keine Früchte trägt, fährt er im Folgenden andere Geschütze auf. Er interpretiert einen begrenzten Konflikt um die richtige Astronomie, um zu einem grundlegenden Konflikt zwischen Glauben und Zweifel als zwei einander ausschließenden Fundamenten der gesellschaftlichen Ordnung zu kommen. Es ist ein Konflikt, der deutlich Züge eines Machtkampfs erhält. Dieser Konflikt erhalte seine Brisanz durch die derzeit prekäre machtpolitische Situation des Heiligen Stuhls, die zum Teil von einer umstrittenen Politik des Papstes herrühre, die der Inquisitor nicht offen kritisiert, sondern als Gottes Wille darstellt. Erst diese machtpolitischen Erwägungen veranlassen den Papst, schrittweise nachzugeben. Dabei sind alle Argumente, die er vorbringt, eher solche, die gegen einen Prozess sprechen. Aber Gründe der Logik und der intellektuellen Leistung sind chancenlos, wie Fragen der öffentlichen Wirkung sekundär sind, wenn es um die Frage des Machterhalts geht. Deshalb braucht der Inquisitor auf derlei Einwände gar nicht erst einzugehen.

D. Am Schluss gibt der Papst widerstrebend seine Einwilligung zu einem Prozess gegen Galilei, verärgert darüber, dass Galilei die Auflagen des Dekrets gegen die Kopernikaner in seinem neuen Buch durch eine List unterlaufen hat, verbietet jedoch, die diesem dadurch drohende Folter wirklich anzuwenden. Bei dieser Entscheidung, die wie ein Kompromiss anmutet, ist weniger Humanität im Spiel als die vom Inquisitor zynisch bestätigte Einschätzung, die Androhung werde ausreichen, Galilei zum Widerruf zu bewegen und damit den gewünschten machtpolitischen Effekt der Bestätigung der päpstlichen Autorität zu erreichen.

Zu 5.2

Im Gegensatz zu den Szenen-Titeln der meisten Bilder, die ein konkretes historisches Ereignis benennen, lautet der Titel zum 12. Bild schlicht „Der Papst". Die Bühnenhandlung gestaltet nicht so sehr ein Ereignis, sondern zeigt einen symbolischen Vorgang: die Verwandlung des ehemaligen Mathematikers und Kardinals Barberini in den Papst Urban VIII. Symbolisiert wird dieser Vorgang durch das Anlegen des päpstlichen Ornats, das die ganze Szene begleitet. Je weiter dieser Akt der Bekleidung mit den Insignien der päpstlichen Macht fortschreitet, desto stärker wird die Haltung des Papstes zum Fall Galilei durch die Zwänge des päpstlichen Amtes bestimmt.

Die Wahl des Kardinals Barberini zum neuen Papst wird von Galilei im 9. Bild als eine historische Chance verstanden, seine Forschungen wiederaufzunehmen, denn Barberini sei selber ein Mann der Wissenschaft. Im 7. Bild erleben wir ihn als einen gebildeten weltgewandten Kirchenfürsten, der zwar Galilei

vermahnt, aber zugleich bemüht ist, die Gräben zwischen der neuen Wissenschaft und der Kirche nicht zuzuschütten. Diese eher aufgeklärte Haltung gegenüber der Wissenschaft drückt sich auch in seiner vehementen Verweigerung zu Beginn des 12. Bildes eines Prozesses gegen Galilei aus; seine Bewunderung für Galilei ist auch später noch deutlich zu spüren. Dass er schließlich doch einem Verfahren zustimmt, hat ausschließlich machtpolitische, keinerlei theologische Gründe. Der Papst als oberste Autorität der Kirche ist gleichzeitig das souveräne Oberhaupt eines bedeutenden italienischen Territorialstaates. Als Landesherr aber treibt der Papst auch weltliche Politik, schmiedet Bündnisse, führt Kriege. Gerade Urban VIII. schreckte dabei auch nicht, wie der Inquisitor andeutet, vor Bündnissen mit den Protestanten, Vertretern einer ketzerischen Irrlehre im Sinne der Kirche, zurück. Andererseits beruht ein Großteil der weltlichen Macht des Papstes auf seiner geistlichen Autorität, die in allen Staaten durch den Klerus und die Ordensleute ausgeübt wird. Mehrfach lauscht der Papst im Verlauf der Szene nervös auf das Geschlurfe der Kleriker, die zu ihm kommen und die der Inquisitor als den „besseren Teil" der Welt bezeichnet. Die physische Existenz seiner Untergebenen, die von ihm einen Akt der Verteidigung des Glaubens erwarten und deren Loyalität der wichtigste Pfeiler auch seiner politischen Macht darstellt, bewegen ihn, seine Entscheidung zu ändern (vgl. S. 107, Z. 27).
Brecht zeigt in dieser Szene, dass auch das Verhalten der Herrschenden nicht zu erklären ist mit persönlichen Charaktereigenschaften, privaten Vorlieben und Abneigungen, sondern durch die sozialen Verhältnisse und die Zwänge der politischen Strukturen, in denen sie agieren.

6. Brechts Konzeption des epischen Theaters (13. Bild)

Aufgabenstellung

Interpretieren Sie das 13. Bild unter dem Aspekt von Brechts Konzeption eines epischen Theaters.

Mögliche Gliederung

A. Einordnung des Bildes in das Drama
B. Interpretation
  (1) Parallelität zwischen den Bildern 6 und 13
  (2) Gang des Geschehens
    a) Unsicherheit über möglichen Widerruf
    b) Angst vor dem Widerruf
    c) Erleichterung über vermeintlichen Widerstand Galileis
    d) Verzweiflung über den Widerruf
  (3) Epische Gestaltungsmittel in ihrer Bedeutung
C. Galileis Schuld – eine offene Frage?

Lösungsvorschlag

A. Das 13. Bild gestaltet den Höhepunkt der historischen Auseinandersetzung Galileis mit der Kirche, den Inquisitionsprozess im Juni 1633, der mit dem öffentlichen Widerruf der kopernikanischen Lehren endete. Wieder wird, wie im 6. Bild, das zentrale historische Ereignis, der Inquisitionsprozess und der Widerruf, obwohl der Szenen-Titel nur dieses Ereignis erwähnt, in der Dramenhandlung gar nicht dargestellt. Das Bild zeigt im Wesentlichen nur die angespannt auf den Ausgang des Prozesses wartenden Schüler und deren Reaktionen auf den schließlich verkündeten Widerruf. Mit diesem Gegensatz zwischen Szenen-Titel und Handlung signalisiert das Stück, dass die eigentliche historische Bedeutung von Galileis Widerruf in seiner Wirkung auf andere Menschen lag.

B. (1) Das Bild weist im Handlungsverlauf und dramaturgischem Aufbau weitere so deutliche Parallelen zum 6. Bild auf, dass man von einer Spiegel-Szene oder Umkehrung des 6. Bildes sprechen könnte. Dort warten die Vertreter des alten, religiös fundierten Wissens auf den Ausgang einer Prüfung des neuen Wissens, der astronomischen Entdeckungen Galileis. Dabei werden bei den Wartenden verschiedene ablehnende Haltungen gegenüber dem neuen Wissen deutlich, auch Sorgen über dessen mögliche Konsequenzen geäußert. Das Ergebnis der Prüfung (vorläufige Bestätigung des neuen Wissens) ist für die

Wartenden deprimierend und verstörend. Im 13. Bild steht der Urheber und Verkünder jenes neuen Wissens selbst, Galilei, vor Gericht und unterliegt damit in gewisser Weise, gerade in den Augen seiner Schüler, einer historisch bedeutsamen Prüfung, die er nicht besteht, da er sein Wissen öffentlich widerruft. Seine Schüler bleiben wütend und verzweifelt zurück.

B. (2) Der Handlungsaufbau des Bildes weist eine fast „aristotelische" Handlungskurve in der gedrängten Dramaturgie einer einzigen Szene auf.

a) **Exposition der Situation und erste Spannungssteigerung** (S. 109 – S. 111, Z. 4). Drei Schüler Galileis, Andrea, Federzoni und Fulganzio, warten in der Florentiner Gesandtschaft in Rom auf das Ende des Inquisitionsprozesses gegen ihren Lehrer. Aus ihren Worten wird klar, dass dieses Ende kein gutes sein kann, da der Papst sich geweigert hat, Galilei zu empfangen. Andrea, der Galilei persönlich am nächsten steht, erwartet den Tod Galileis, da dieser nicht widerrufen werde, welche Vorstellung ihn in schmerzliche Erregung versetzt. Die beiden anderen Schüler scheinen größere Unsicherheiten über das Verhalten Galileis zu haben. So gibt Federzoni zu bedenken: „Sie haben die Gewalt". Der kleine Mönch wiederum sinnt über eine gewisse Mitverantwortung Galileis für diese Entwicklung nach: „Er hätte nicht aus der Republik weggehen dürfen". Er beschwört dann seine erste Begegnung mit Galilei, die kurz nach dem Dekret gegen die Kopernikaner am selben Ort stattfand (8. Bild), wo Galilei von seinem Schönheitssinn sprach und die Wahrheit der Vernunft meinte. Andrea versucht seinen Glauben an Galileis Standfestigkeit durch das Erzählen einer Anekdote zu beglaubigen, wie Galilei im Collegium Romanum aufgetreten sei – ersichtlich eine erfundene Heldenlegende, da Fulganzio, der damals dabei war, sich weigert, die Geschichte zu erzählen. Während des zermürbenden Wartens kniet Virginia, Galileis nicht-intelligente Tochter, abseits der anderen im Gebet. Sie erfleht einen Widerruf ihres Vaters, den die anderen fürchten.

b) **Höhepunkt der Spannung / Peripetie** (S. 111, Z. 5 – S. 112, Z. 3). Als ein Individuum, eine zweideutige anonyme Figur, die schon bei der Auslieferung Galileis an die Inquisition im Spiel (11. Bild) war, hereinkommt und den Widerruf Galileis in allen Details ankündigt (Zeitpunkt, Glockenläuten, öffentliche Verlesung), steigert sich die Sorge der Schüler zu unerträglicher Spannung und Angst davor, dass Galilei doch schwach werden könnte. Andrea begegnet seiner Angst mit der lauten, quasi-öffentlichen Verkündung der astronomischen Thesen seines Lehrers und schließt mit dem Satz: „Und er ist es, der es uns gesagt hat." Dies wirkt wie eine letzte verzweifelte Beschwörung des Schicksals, einen solchen Widerruf zu verhindern. Als es fünf schlägt, wird die Spannung so groß, dass Fulganzio und Andrea sich die Ohren zuhalten, eine hilflose Geste, worin die Unerträglichkeit eines Widerrufs für sie sich ausdrückt. Virginias Gebete jedoch werden lauter, weil der Widerruf noch auf sich warten lässt.

c) **Retardierendes Moment** (S. 112, Z. 4–27). Als nach dem Verklingen der Stundenglocke die Glocke, die Galileis Widerruf ankündigen soll, für kurze Zeit ausbleibt, löst sich die unerträgliche Spannung der Schüler in einer überschwänglichen, in der Situation fast irrational anmutenden, Begeisterung. Der vermeintliche Widerstand Galileis wird sogleich als Beweis für eine epochale Zeitenwende gedeutet: „Jetzt beginnt wirklich die Zeit des Wissens." Diese Deutung als historisches Ereignis wird noch dadurch verstärkt, dass die Schüler auf die unabsehbaren Folgen eines Widerrufs hinweisen. In all diesem Enthusiasmus über das historische „Nein" zu einer Unterwerfung verlieren sie allerdings Galileis persönliches Schicksal, seine möglicherweise bevorstehende Hinrichtung, völlig aus den Augen.

d) **Katastrophe des Widerrufs** (S. 112, Z. 28 – Ende). Dann aber ertönt die Glocke doch noch und die hinausgezögerte Katastrophe zeigt umso heftigere Wirkung. Die überbordende Freude der Schüler schlägt in lähmendes Entsetzen um, nur Virginia hat ihr Ziel erreicht. „Er ist nicht verdammt", sagt sie und verlässt den Saal. Man hört den Ausrufer Galileis Widerruf verkünden, in dem dieser vollkommene Unterwerfung unter die Lehren der Kirche gelobt. Nach einer kurzen Szenenabblende sitzen die Schüler allein, wie verlassen, immer noch da. Erste Kritik, die sich gegen den Menschen Galilei richtet, wird laut. Als Galilei, sichtlich durch den Prozess gezeichnet, hereinkommt, entlädt sich die ganze Wut Andreas, des „geistigen Sohns", dessen Verehrung und Zuneigung zu seinem „geistigen Vater" sich so bitter enttäuscht sieht, gegen den ‚Verräter' Galilei und er beschimpft ihn wegen seiner Genusssucht, die für ihn das einzige denkbare Motiv seines Widerrufs ist, als „Weinschlauch" und „Schneckenfresser". Andrea wird körperlich übel beim Anblick Galileis, so dass die anderen ihn hinausbringen und Galilei allein zurückbleibt.

B. (3) Das 13. Bild zeichnet sich durch eine eigentümliche Mischung aus Strukturelementen aristotelischer Dramaturgie und epischer Dramaturgie aus. Dem eher konventionellen Bau der Szenen-Handlung stehen bedeutungstragende Elemente epischer Dramaturgie gegenüber.
Durch den Gegensatz von Szenen-Titel und Handlung wird, wie schon angedeutet, die Aufmerksamkeit der dramatischen Darstellung eines historischen Ereignisses (Widerruf Galileis) auf die Auswirkungen dieses Ereignisses auf seine Schüler und damit auf seine geschichtlichen Folgen gelenkt. Dieser Aspekt wird verstärkt durch das Epigramm, das davon spricht, dass dieser Junitag des Jahres 1633 wichtig sei für „dich und mich", ein Hinweis darauf, dass

etwas auch noch für den Zuschauer Bedeutsames gezeigt wird. Die Vernunft habe damals für einen Tag lang vor der Tür gestanden (aber, so könnte man ergänzen, sie ist durch Galileis Widerruf nicht hereingelassen worden). Das Epigramm lässt sich als eine Aufforderung an den Zuschauer verstehen, Galileis Widerruf als Versagen von historischer Tragweite zu entschlüsseln. Die Bedeutung dieses Ereignisses nicht nur für die akademische Welt der Wissenschaft wird in der Szenen-Handlung bestätigt, wenn wir durch das Individuum erfahren, dass „Menschenansammlungen in den Gassen" auf den Ausgang des Prozesses warten, auch durch die öffentliche Verkündigung des Widerrufs. In dem Augenblick, als die Schüler wegen des anfänglichen Ausbleibens der Glocke glauben, Galilei habe widerstanden, sieht Andrea sogleich in der vermeintlichen Standhaftigkeit seines Lehrers einen Beweis von historischer Bedeutung: „[...] es ist alles verändert heute! Der Mensch hebt den Kopf, der Gepeinigte, und sagt: ich kann leben. So viel ist gewonnen, wenn nur einer aufsteht und Nein sagt." (S. 112, Z. 22 ff.)
Epischer Dramaturgie entsprechen auch die Elemente des (scheinbar) Widersprüchlichen und des Kontrastes in diesem Bild, die zuweilen die Bedeutung des Geschehens auch wieder verfremden. Den um einen möglichen Widerruf ihres Lehrers bangenden Schülern, deren Sorgen den historischen Konsequenzen eines solchen Versagens gelten, steht Virginia gegenüber, die im Gebet einen Widerruf ihres Vaters erfleht, weil sie seine ewige Verdammung fürchtet. Die Szene zeigt hier in Virginia nicht nur eine von der Geistlichkeit verwirrte Person, wie die Schüler glauben, sondern auch einen liebenden Menschen, die Tochter, der es trotz aller Enttäuschungen, die Galilei ihr bereitet hat (vgl. den Bruch mit ihrem Verlobten, den Galilei in Bild 9 durch sein Verhalten provoziert hat), um das persönliche Schicksal ihres Vaters geht, das die Schüler einfach übergehen. Während Virginia um den Widerruf ihres Vaters fleht, dankt der kleine Mönch Gott für die Standfestigkeit seines Lehrers. Schließlich: Dem Ausruf Andreas „Unglücklich das Land, das keine Helden hat" steht die (verzögerte) Widerrede Galileis am Schluss des Bildes entgegen: „Nein. Unglücklich das Land, das Helden nötig hat." Beide Sentenzen sind bedenkenswert, und doch stehen sie einander diametral entgegen.
Die Szene endet mit der Verlesung eines Absatzes von Galileis *Discorsi*, in dem er u.a. die These entwickelt, dass „kleinere Tiere verhältnismäßig kräftiger und stärker sind als die großen". Sicherlich soll dieses Zitat als ein verfremdender Kommentar zur Handlung der Szene verstanden werden. Aber worin besteht seine Botschaft? Handelt es sich einfach um eine parabolische Begründung für das Versagen des „großen Galilei"? Ist dies auch eine Rechtfertigung? Und wie ist der Umstand zu werten, dass das Zitat aus einem Werk Galileis stammt, dass er nur deshalb hat schreiben können, weil er widerrufen hat?
Die epischen Gestaltungsmittel der Szene lenken nicht nur die Aufmerksamkeit des Zuschauers auf die Deutung des Geschehens, sondern verlegen diese Deutung zudem in die Verantwortung des Zuschauers.

C. Das 13. Bild liefert in seinem inhaltlichen Schwerpunkt dem Zuschauer Anhaltspunkte für das Versagen Galileis vor der Geschichte, wie es auch schon in den Versen des Epigramms anklingt. Aber dieses Urteil wird nicht durch alle Elemente der Szene bestätigt. Zwar hat Galilei selbst schon in seinem Ausspruch „Wer sie [d.i. die Wahrheit] weiß und sie eine Lüge nennt, der ist ein Verbrecher“, den er im 9. Bild seinem ehemaligen Schüler Mutius entgegengeschleudert hat und den Andrea im 13. Bild (S. 110, Z. 10f.) wiederholt, sein eigenes Urteil vor der Geschichte gesprochen, aber der Zuschauer mag angesichts des 13. Bildes Zweifel haben, ob dieses Urteil in seiner Rigorosität Bestand hat. Wir erfahren, dass Galilei 23 Tage im Kerker gesessen hat, unter beständiger Androhung der Folter. Wir sehen einen gebrochenen, bis zur Unkenntlichkeit veränderten alten Mann, der nicht um Verständnis für sich bittet, sondern nur um ein Glas Wasser für seinen Schüler Andrea, dem bei seinem Anblick übel geworden ist. Mit seinem Schlusssatz beweist er seine nach wie vor vorhandene Fähigkeit zu kritischen Einsichten, denn eine Gesellschaft, die eine Veränderung der Verhältnisse nur um den Preis der Selbstaufopferung des Einzelnen zulässt, ist ganz offensichtlich in einem unglücklichen, menschenverachtenden Zustand, vielleicht mehr als eine solche, der es nur an heroischen Charakteren mangelt. Der Zuschauer mag sich fragen, ob von einem einzelnen Menschen verlangt werden kann, sein Leben für eine Verbesserung der Verhältnisse – mit ungewissem Ausgang – einzusetzen, aber auch, wie sich die Entwicklung der Gesellschaft zu einer nachhaltigen Verbesserung vollziehen soll, wenn es solche Menschen nicht gibt.
Das 13. Bild verweist auf Galileis Versagen vor der Geschichte, gibt aber keine eindeutige Antwort auf die Frage nach einer persönlichen Schuld des Menschen Galilei im Angesicht einer ihm lebensbedrohlich erscheinenden Gewalt.

7. Galileis Widerruf (14. Bild)

Aufgabenstellung

1. Analysieren Sie die Argumentation Andreas im 14. Bild (S. 122, Z. 9 – S. 126, Z. 29) und die darauf antwortende ‚mörderische Analyse' Galileis, die zu unterschiedlichen Bewertungen von Galileis Widerruf führen.
2. Vor allem diese Selbstanklage Galileis hat bei westlichen Interpreten zu heftiger Kritik an Brechts Stück geführt. Ein Beispiel dafür ist der Auszug aus Gerhard Szczesny, *Bertolt Brecht. „Leben des Galilei". Dichtung und Wirklichkeit*, siehe S. 101 f. der Lektürehilfe. Verfassen Sie einen Beitrag Brechts für den Kulturteil einer Zeitung, in dem er solche Kritik ‚bürgerlicher Autoren' als Missverständnis seines epischen Theaters und dessen Begriff der „Historisierung" entlarvt.

Lösungsvorschlag

Zu 7.1

Andrea Sarti besucht auf der Durchreise ins Ausland seinen ehemaligen Lehrer Galilei, der in Arcetri unter der Aufsicht der Mönche und seiner frommen Tochter Virginia lebt. Anfangs begegnet er ihm distanziert und abweisend. Er kann ihm offenbar seinen Widerruf nicht verzeihen. Seine Haltung ändert sich schlagartig, als Galilei ihm gesteht, er habe nicht nur sein theoretisches Hauptwerk, die *Discorsi*, geschrieben, sondern auch in mühevoller Nachtarbeit eine Abschrift, die er der wissenschaftlichen Öffentlichkeit überlassen wolle, hergestellt. Andrea vertritt nun die These: „Sie versteckten die Wahrheit. Vor dem Feind. Auch auf dem Felde der Ethik waren Sie uns um Jahrhunderte voraus." (S. 122) Auf Bitten Galileis erläutert Andrea diese These. Er erkenne jetzt, dass Galileis Ziel bei allem, was er in seinem Leben getan habe, immer nur gewesen sei, das eigentliche Geschäft der Wissenschaft zu betreiben, bestehend „in dem Studium der Eigenschaften der Bewegung, Mutter der Maschinen, die allein die Erde so bewohnbar machen werden, daß der Himmel abgetragen werden kann." (S. 123) Dass sei damals schon sein Anliegen gewesen, als er den Senat von Venedig mit seinem Fernrohr hintergangen habe, und später, als er sich „vor dem Kind in Florenz" gebeugt habe, was seine Schüler damals nicht verstanden hätten, und das müsse auch 1633 so gewesen sein, als er einen volkstümlichen Punkt seiner Lehre widerrief, allein deshalb, um seine Forschungen weiterführen zu können. Hätte er damals den heroischen Tod auf dem Scheiterhaufen gewählt, wären die anderen die Sieger gewesen, weil sein Werk für immer verloren gewesen wäre.

Galilei widerspricht dieser Deutung seines Widerrufs vehement, er habe bei seinem Widerruf keinen Plan verfolgt, seine Arbeit fortsetzen zu können, er habe schlicht Angst vor der Folter gehabt, Als Andrea dieses Eingeständnis mit der Bemerkung vom Tisch wischen will, menschliche Schwächen gingen die Wissenschaft nichts an, es komme allein auf den wissenschaftlichen Beitrag an, begrüßt Galilei Andrea höhnisch als Vetter im Verrat, als einen Menschen, der aus einer unstillbaren Gier nach Wissen alle Niedrigkeiten zu begehen imstande ist.

In einer langen Rede stellt Galilei seine Auffassung vom Charakter der Wissenschaft dar, die er als Ergebnis langen Nachdenkens bezeichnet, wie die Welt der Wissenschaft seinen Fall zu beurteilen habe. Die Wissenschaft bezeichnet er als „einen Handel, mit Wissen, gewonnen durch Zweifel". Ein solcher Handel sei universal. Er befasse sich mit allen denkbaren Inhalten für jeden „Abnehmer", der die Grundvoraussetzung des wissenschaftlichen Denkens übernimmt. Diese Grundeinstellung aber werde von den Mächtigen bekämpft durch einen „Dunst von Aberglauben und alten Worten", mit denen sie das „Elend der vielen" rechtfertigten. Für die Elenden habe die Wissenschaft in erster Linie die Bedeutung, soziale Ungerechtigkeiten zu erkennen und sie als zu beseitigende Machtverhältnisse zu durchschauen. Der Wissenschaftler habe durch seine kritische Methode des Zweifels mit beiden Kämpfen zu tun, mit dem Kampf um das richtige Verständnis der Natur und dem Kampf um eine gerechtere Ordnung der Gesellschaft. Beides hänge zusammen. Eine Menschheit, die, durch Aberglaube gehindert, ihre Kräfte nicht entfalten könne, könne auch die Kräfte der Natur, die der Wissenschaftler entdeckt, nicht zu ihrem eigenen Wohle nutzen. Deshalb müsse das einzige Ziel des Wissenschaftlers darin bestehen, die Mühseligkeit der menschlichen Existenz zu erleichtern, in seiner Forschung genauso wie in der praktischen Verantwortung für seine Forschung. Würde die oberste Maxime des Wissenschaftlers nur darin bestehen, Wissen um des Wissens selber willen anzuhäufen, könnte die Konsequenz eines solchen verantwortungslosen Forschens in der Zukunft sein, dass jeder wissenschaftliche Fortschritt den Armen und Benachteiligten nur neue Drangsale bereiten würde.

Seine, Galileis, historische Schuld – und damit wendet er seine allgemeinen Thesen auf seinen eigenen Fall an – bestehe darin, dass in einer Zeit, in der auch die einfachen Leute sich für Astronomie zu interessieren begannen, er als Wissenschaftler Beachtung weit über die Fachkreise hinaus gefunden habe, er nicht standhaft für sein Wissen und die damit verbundene Methode des produktiven Zweifels eingetreten sei. Vielleicht hätte er, wenn er nicht widerrufen hätte, einen hippokratischen Eid der Wissenschaftler begründen können, eine Selbstverpflichtung, derjenigen der Ärzte vergleichbar, die ihr ganzes Tun am Wohl der Kranken zu orientieren versprechen, ihr Wissen nur für das Wohl der Menschheit, aber nicht für die Interessen der Mächtigen einzusetzen. Er aber habe durch seinen Widerruf sein Wissen den Machthabern ausgeliefert, „es zu gebrauchen, es nicht zu gebrauchen, es zu missbrauchen", gerade wie es ihren Zwecken dienlich gewesen sei. Diese seine Haltung werde, so befürchte er, in der Zukunft einen Typus von Wissenschaftler hervorbringen, der als mietbarer Knecht der Mächtigen bezeichnet werden könnte. Deshalb könne er sein Handeln nur als Verrat bezeichnen und er müsse aus dem Kreis der Wissenschaftler ausgeschlossen werden.

Galilei entwirft hier das Idealbild eines Wissenschaftlers, der seine kritische Vernunft immer schon in den Dienst des gesellschaftlich-politischen Fortschritts stellt. Dies ist nicht dadurch schon gewährleistet, dass der Wissenschaftler neues Wissen bereitstellt, das dann allen Menschen zugute kommen kann. Es bedarf dazu offenbar noch einer zweiten kritischen Reflexion der gesellschaftlich-politischen Verhältnisse, um die Fortschrittstauglichkeit des Wissens zu beurteilen und dadurch die Verantwortung des Wissenschaftlers einlösen zu können.

Zu 7.2

Über einige verwirrte Thesen der bürgerlichen Literaturkritik

„Von B. B."

Über die dritte, von mir noch einmal grundsätzlich für meine Inszenierung des Stücks in Berlin überarbeitete Fassung von *Leben des Galilei,* haben meine Kritiker „im Westen" geäußert, ich hätte aus einer weitgehend historisch getreuen Darstellung des ‚Falls Galilei' (gemeint ist die erste Fassung) ein wirres, von konfusen Thesen überlagertes Stück gemacht. Wenn diese Herren von dem Stück und seiner veränderten Tendenz, die vor allem in einer ‚mörderischen Analyse' des alten Galilei zu seinem Fall im 14. Bild zum Tragen komme, sprechen, dann meinen sie natürlich die konfusen Ideen des Stückeschreibers. Sie zielen auf seine Konzeption eines ‚epischen' Theaters und natürlich auf seine gesellschaftskritischen, materialistischen Überzeugungen. Vielleicht können einige Bemerkungen von meiner Seite den Herren dazu verhelfen, ihre eigenen Konfusionen ein wenig zu entwirren.

(1) Meine Absicht war es nie, in meinen Stücken in sich stimmige Charaktere vorzuführen, in die sich der Zuschauer nur einzufühlen braucht, um ein ‚rundes' Theatererlebnis zu haben. Wer solches will, der möge sich einen jener berühmten Wildwest-Filme ansehen, in denen ein unverwechselbarer Charakter alle Anfechtungen des Lebens siegreich besteht. Eine solche Darstellung, auch wenn sie psychologisch überzeugend sein sollte, vermag dem Zuschauer keinen gesellschaftlich bedeutsamen Erkenntnisgewinn zu liefern, den ich mit meinem Theater nun einmal anstrebe. Die Erkenntnisse, die ich meine, sind historisch-gesellschaftliche Erkenntnisse, die für die Gesellschaft,

in der der Zuschauer lebt, von Interesse sind. Deshalb kann mich auch eine Frage, ob die Ereignisse des Dramas historisch richtig oder falsch dargestellt sind (in *Leben des Galilei* sind sie im Wesentlichen korrekt dargestellt), unmittelbar gar nicht betreffen. Auch der große Schiller hat sich, wie jeder weiß, in seinen Geschichtsdramen um seiner dramatischen Absichten willen gewisse Freiheiten genommen.

(2) Ich habe oft im Zusammenhang mit meinem Theater von „Historisieren" gesprochen. Ich meinte damit aber nicht, daß ich im Besonderen historische Stoffe benutzen, sondern daß ich auf die Gegenwart bezogene Stoffe und Ereignisse als ‚historische' und das bedeutet als in Zukunft veränderbare darstellen wollte. Auch wenn ich historische Stoffe gestaltete, ging es mir nicht in erster Linie um die Darstellung historischer Figuren und historischer Probleme, sondern vor allem um einen Erkenntnisgewinn des Zuschauers in Hinsicht auf gegenwärtige gesellschaftlichen Probleme.

Aber die gesellschaftlichen Probleme, zu deren Erkenntnis ich als Stückeschreiber beitragen will, sind ihrerseits einem historischen Wandel unterworfen. Dies ist auch der Grund, warum *Leben des Galilei* eine so komplexe Botschaft enthält, die solchen Kritikern, die von der Unwandelbarkeit ihrer bürgerlichen Verhältnisse ausgehen, konfus erscheinen mag.

Die erste Fassung des Stücks schrieb ich 1938/39, in jenen finsteren Zeiten des Faschismus, in denen die Wahrheit zu äußern, besonders wenn es sich um eine politische Wahrheit handelte, unmittelbar den Verlust des Lebens zur Folge haben konnte. Damals erschien mir die Geschichte des Galilei als eine geeignete Fabel, um in der verfremdenden Form der Parabel zeigen zu können, wie man die Wahrheit am Leben erhalten kann für bessere Zeiten, indem man nämlich diejenigen am Leben erhält, die die Wahrheit besitzen und die nur so, wenn sie auch öffentlich ihrer Wahrheit und ihrem Wissen abschwören, in die Lage versetzt sein können, neues Wissen zu erwerben. Freilich mußte dafür auch gezeigt werden, daß jedes Wissen, das durch vernünftigen Zweifel gewonnen wird, eine positive praktisch-gesellschaftliche Seite hat; also mußte der Konflikt Galileis mit der Kirche auch als im Kern gesellschaftlich-politischer Konflikt geschildert werden.

Als ich 1945 in den USA daran ging, das Stück selber auf die Bühne zu bringen, lag der Faschismus schon auf dem Sterbebett der Geschichte, dagegen rückte ein anderes gesellschaftliches Problem in den Vordergrund. Der Einsatz der ersten Atombomben im August 1945 mußte allen Einsichtigen klarmachen, daß die Wissenschaft derart machtvoll geworden war, daß bald die ganze Menschheit mit ihrer Hilfe würde vernichtet werden können, eine Entwicklung, an deren Anfang auch Galilei stand mit seiner Überzeugung, mithilfe von neuen Maschinen als Früchte einer besseren Kenntnis der Naturgesetze das Leben der Menschen erleichtern zu können. Jeder konnte jetzt sehen, daß dieser gesellschaftlich produktive Aspekt von Wissenschaft und Technik nur eine historische Möglichkeit des technischen Fortschritts darstellte, eine andere war die völlige Zerstörung der Menschheit. Woran lag nun diese fatale Möglichkeit des technischen Fortschritts? Mir schien, daß sie nicht zuletzt daran lag, daß die Wissenschaft mehr und mehr in den Dienst der Mächtigen gestellt worden war, die Wissenschaftler selbst dabei längst die Kontrolle über ihr Wissen verloren hatten. Dies hätte allerdings auch eine andere Auffassung der Wissenschaftler von ihrem Beruf vorausgesetzt, eine Vorstellung, die wissenschaftliche Neugier und Forscherdrang radikal an eine ethisch-gesellschaftliche Verantwortung für die Ergebnisse der Forschung hätte binden müssen. Von solchen Überlegungen her las sich plötzlich der Fall Galilei anders. Sein Widerruf als solcher schien nicht so sehr das Problem zu sein, sondern daß er, indem er widerrief, die Verantwortung für sein Wissen und damit auch für dessen gesellschaftlich-politische Bedeutung in die Hände der Mächtigen gelegt hatte. Deshalb hätte in seinem Fall ein Bekenntnis zu seinem Wissen wenn schon keine großen politischen Erschütterungen – natürlich keine Französische Revolution, wie der Herr Kritiker polemisch unterstellt –, so doch – vielleicht – so etwas wie einen hippokratischen Eid der Wissenschaftler begründen können, eine Haltung des Wissenschaftlers, in jedem Fall sein Wissen für die Verbesserung der gesellschaftlichen Lage der Menschen einzusetzen.

Mir erscheinen dies keine konfusen Thesen zu sein, sondern gesellschaftlich nicht ganz unbedeutende Gedanken, die dann sich ergeben können, wenn man geschichtliche Ereignisse, wie es dem Prinzip des Historisierens entspricht, von ihren späteren Folgen her verstehen und darstellen will. Im Übrigen wird dadurch die andere, die positive Deutung von Galileis Verhalten nicht gänzlich widerlegt, es sind nur Gedanken, die die Dramenfigur nach langem Nachsinnen, wie Galilei selber sagt, äußert, keine unumstößliche Wahrheit. Der Stückeschreiber sieht jedoch seine Hauptabsicht erreicht, wenn sein Stück, gerade in seiner Widersprüchlichkeit, den Zuschauer zum Nachdenken über den Fall Galilei und dessen historische Bedeutung für unsere gesellschaftliche Situation heute bewegt.

8. Die Rolle des Wissenschaftlers in *Leben des Galilei* und Dürrenmatts *Die Physiker*

Aufgabenstellung

Vergleichen Sie die Darstellung der Wissenschaft und die Rolle des Wissenschaftlers in zwei Theaterstücken des 20. Jahrhunderts: Bertolt Brechts Drama *Leben des Galilei* und Friedrich Dürrenmatts Komödie *Die Physiker*.

Mögliche Gliederung

A. Der wissenschaftliche Fortschritt als thematischer Bezugspunkt beider Stücke

B. Brechts *Leben des Galilei* (1938–55)
  - (1) Wissenschaft als Ausdruck und Motor einer neuen Zeit
    - a) Die Methode des „fröhlichen Zweifels“
    - b) Der doppelte Charakter der Wissenschaft
  - (2) Der Wissenschaftler als Typus der neuen Zeit
    - a) Galilei, der Wissenschaftler als Fortschrittsoptimist
    - b) Die gesellschaftliche Verantwortung des Wissenschaftlers
  - (3) Der verhaltene Optimismus des Schlusses

C. Dürrenmatts Komödie *Die Physiker* (1961)
  - (1) Wissenschaft als Grenzerfahrung des Menschen
  - (2) Der Wissenschaftler und seine Freiheit
    - a) Die Fremdbestimmung
    - b) Freiheit des Wissenschaftlers als Rücknahme des Wissens
  - (3) Der pessimistische Ausblick des Schlusses

D. Vergleich beider Stücke

Lösungsvorschlag

A. Im 20. Jahrhundert werden Wissenschaftler zu Protagonisten von Dramenhandlungen. Brechts *Leben des Galilei* und Dürrenmatts *Die Physiker* widmen sich nicht nur mit ganz unterschiedlichen dramaturgisch-ästhetischen Mitteln, sondern auch mit ganz unterschiedlichen ‚Botschaften‘ dem Themenkomplex ‚Wissenschaft‘.

B. Brechts Drama zeigt in der dramatisierten Lebensgeschichte des Physikers und Astronomen Galileo Galilei (1564–1642) auf den ersten Blick die von Legenden überwucherte Gründungsphase der wissenschaftlichen Physik und Astronomie. Es ist aber kein Geschichtsdrama, sondern ein Beispiel für Brechts Konzeption des epischen Theaters und möchte im Gewand der Darstellung historischer Ereignisse und Konflikte für den Zuschauer des 20. Jahrhunderts verwertbare Erkenntnisse zum Thema „wissenschaftlicher Fortschritt" liefern. Galilei betrachtet das Heraufkommen der Wissenschaft von Beginn an als Ausdruck und Motor einer neuen Zeit, die sich anschickt, die alte Zeit mit ihren feudalen Ordnungen und nicht zuletzt ihrer Dominanz der Kirche mit ihrem mittelalterlichen Weltbild abzulösen.

B. (1) Das alte Weltbild als „Selbstverständnis" der alten Zeit wird geprägt durch den Glauben. Die geistlich-geistige Autorität der Kirche hat die Quelle ihrer Weltdeutung in der von ihr auszulegenden Heiligen Schrift. Als weitere Quelle gelten die Schriften des antiken Philosophen Aristoteles, die nach der Auffassung der Kirchenväter das christliche Weltbild stützen.

a) Das durch Autorität beglaubigte Wissen ist Angelegenheit einer kleinen geistlichen und geistigen Elite, während der Mann auf der Straße nur im Glauben an die Auslegungen jener Eliten den Sinn seines entbehrungsreichen Lebens anzunehmen hat. Galilei dagegen entwickelt als das Programm der Wissenschaft die Methode des vernünftigen Zweifels. Als Wissen kann nur noch dasjenige gelten, was aufgrund systematischer Beobachtung und einer die Beobachtungsphänomene vernünftig erklärenden Theorie als wahr angenommen werden kann. Diese Methode des vernünftigen Sehens, die mehrmals in der Handlung des Dramas selbst vorgeführt wird, ist auch nicht mehr Gegenstand eines elitären Herrschaftswissens, sondern tendenziell ein „demokratisches" Instrument, weil es prinzipiell der vernünftigen Lebenspraxis eines jeden Menschen entspricht und deshalb auch potenziell von allen Menschen verstanden werden kann und soll. Diese Form des Wissens durch die Methode des vernünftigen Zweifels ist insoweit ein Prinzip der Aufklärung, des „Ausgangs des Menschen aus selbstverschuldeter Unmündigkeit", wie Immanuel Kant 1784 definieren wird.

b) Als Instrument der Aufklärung hat die Wissenschaft durch ihre Methodik auch eine gesellschaftskritische Bedeutung. Der vernünftige Zweifel kann die Autorität der herrschenden Elite in ihrem Machtanspruch in Frage stellen. Bezeichnenderweise stammen Galileis Schüler, die einzigen Figuren des Stücks neben Galilei selbst, die ernsthaft an der Entwicklung der Wissenschaft interessiert sind und daran aktiv mitarbeiten, aus den unteren Ständen: der Linsenschleifer Federzoni, Andrea Sarti, der Sohn von Galileis Haushälterin, und der kleine Mönch Fulganzio, der aus einer verelendeten Bauernfamilie stammt. Die Wissenschaft erscheint, nicht nur für sie, in zweifacher Hinsicht als Mittel des Fortschritts: in technischer Hinsicht, indem sie z. B. neue Maschinen zur Verbesserung der Lebensqualität ermöglicht, aber auch in politisch-gesellschaftlicher Hinsicht, da sie durch die Delegitimierung der alten Ordnung zu deren Abschaffung beitragen kann.

B. (2) Der Typus des Wissenschaftlers, wie ihn Galilei im Drama verkörpert, entspricht der doppelten Natur des neuen Wissens.

a) Galilei ist kein trockener Stuben- oder serviler Hofgelehrter, sondern erscheint als ein Mensch voll sinnlicher Lebensfreude, der mit fast kindlicher Neugier und leidenschaftlich auf der ständigen Suche nach neuem Wissen ist, der auch als begeisterter Lehrer alle anderen an seinen Entdeckungen teilhaben lassen möchte und seine Schriften in der Sprache des Volkes verfasst, der aber ganz uninteressiert ist an religiösen oder metaphysischen Fragen. Sein fast naiver Glaube gilt allein der Vernunft des Menschen. Dass er dann seiner Lehre aus dem menschlich verständlichen Gefühl der Angst heraus abschwört, kann ihn nicht wirklich von seiner wissenschaftlichen Berufung abbringen. Er schreibt auch noch unter den Augen der Mönche an seinem Hauptwerk, den *Discorsi*, und fertigt heimlich eine Abschrift für die wissenschaftliche Welt an.

b) Später jedoch rechnet er gegenüber seinem Schüler Andrea mit seinem Verhalten während des Inquisitionsverfahrens ab und bezeichnet sich als sozialen Verräter, der er durch seinen Widerruf geworden sei. In dieser Selbstanklage des alten Galilei im vorletzten Bild wird die gesellschaftliche Verantwortung des Wissenschaftlers in sehr viel schärferer Form thematisiert als vorher. Hierbei spielen offenbar auch die Erfahrungen des 20. Jahrhunderts mit der Entwicklung einer Technik, die, wie die Atombombe, auch ein ungeheures Vernichtungspotenzial in die Welt gebracht hat, eine Rolle, Erfahrungen, die Brecht in die Bühnenfigur Galilei projiziert. Brechts Galilei entwirft am Ende des Dramas eine neue Ethik des Wissenschaftlers, die notwendig sei, um zu verhindern, dass wissenschaftliche Ergebnisse von den Herrschenden und Mächtigen für inhumane und zerstörerische Zwecke verwendet werden. Diese ‚Indienststellung' der Wissenschaftler für Machtinteressen, die Galilei voraussieht, könne, vielleicht, verhindert werden, wenn die Wissenschaftler sich in einem dem hippokratischen Eid der Ärzte ähnelnden Akt der Selbstverpflichtung bereit fänden, ihr Wissen ausschließlich für die Erleichterung der Mühseligkeit der menschlichen Existenz zu entwickeln und zu nutzen, nicht aber nur Wissen um des Wissens willen anzuhäufen. Dazu müssten sie aber danach trachten, die Verfügungsgewalt über ihr Wissen zu behalten. Seine historische Schuld, so Galilei, habe nicht in seinem Widerruf als solchem bestanden, sondern darin, dass er in einer Zeit, in der auch das einfache Volk mehr und mehr für den produktiven Zweifel des wissenschaftlichen Denkens empfänglich zu werden begann, nicht standhaft für sein Wissen und damit eine neue Ethik des Wissenschaftlers eingestanden sei, sondern sein Wissen den Herrschenden ausgeliefert habe.

B. (3) Insgesamt entwirft Brechts Galilei ein positives, von Zukunftsoptimismus geprägtes Bild der Wissenschaft. (Der Glaube an die neue Zeit der Wissenschaft wird auch durch den alten Galilei des 14. Bildes nicht zurückgenommen.) Die Wissenschaft erscheint als zentrales Mittel und Motor sowohl des technischen wie auch des gesellschaftlichen Fortschritts. Um diesen Fortschritt zu garantieren, muss gerade der Wissenschaftler eine neue gesellschaftliche Ethik entwickeln und sein Tun (oder im Zweifel auch sein Unterlassen) an jenem doppelten Fortschrittsgedanken orientieren.

C. Friedrich Dürrenmatts Drama *Die Physiker* entstand 1961 und spielt im Gegensatz zu Brechts *Leben des Galilei* ausdrücklich in der Gegenwart, also während des durch große Arsenale von Massenvernichtungswaffen aufgerüsteten Kalten Krieges. Dramaturgisch ist das Stück ein analytisches Drama in zwei Akten in einer geradezu klassischen Bauform der Einheit von Raum, Zeit und Handlung; der Gattung nach eine mit Mitteln des Grotesken und des Paradoxen arbeitende ‚schwarze' Komödie. Das Stück spielt in einem Irrenhaus, in dem sich, aus unterschiedlichen Motiven, wie der zweite Akt enthüllt, drei Physiker in langjähriger stationärer Behandlung befinden.

C. (1) Während in Brechts Drama Wissenschaft als Mittel der Aufklärung und Motor des Fortschritts thematisiert und ihre Methode in der Bühnenhandlung vorgeführt wird, bildet sie bei Dürrenmatt nur, als bedrohliche Macht, den Hintergrund der Bühnenhandlung. Wissenschaft entfaltet eine universale Macht in der Beherrschung der Natur (Möbius hat ein „System aller möglichen Erfindungen" konzipiert), wird aber durchgehend als destruktiv und lebensfeindlich beschrieben (vgl. Möbius' „Psalm Salomos, den Weltraumfahrern zu singen"). Wissenschaft wird von Möbius als menschliche Selbstüberschätzung charakterisiert (der Wissenschaftler habe sich zu weit vorgewagt, so dass die anderen Menschen nicht mehr nachkommen könnten). Statt als Instrument der Aufklärung erscheint sie als Ausdruck der menschlichen Hybris, als radikale Entfernung und Entfremdung des Menschen von der Natur.

C. (2) Brechts Postulat von der gesellschaftlichen Verantwortung des Wissenschaftlers wird in Dürrenmatts Stück nicht nur kritisiert, sondern Schritt für Schritt, durch die „schlimmstmögliche Wendung", ad absurdum geführt.

a) Die Physiker Kilton und Eißler sind, so erfährt man im zweiten Akt, deshalb ins Irrenhaus gegangen, weil beide, im Auftrag ihres jeweiligen Geheimdienstes, den dort lebenden Physiker Möbius, den sie für den größten lebenden Physiker halten, auf ihre Seite bringen wollen, um dessen Wissen für ihr jeweiliges politisches System nutzbar zu machen. In einem Gespräch mit Möbius, in dem sie ihre Identität aufdecken, müssen sie zugeben, dass Freiheit im Sinne der Verfügungsgewalt über ihr Wissen in ihrem jeweiligen politischen System gar nicht vorhanden ist.

b) Möbius, der auf Karriere und seine Familie verzichtet, hat sich in der Welt des Irrenhauses einen Freiraum für seine theoretischen Schriften geschaffen und zugleich die Möglichkeit, seine Forschungen der Welt nicht preisgeben zu müssen. Im völligen Gegensatz zu Brechts Galilei, der an der Verbreitung seines Wissens in der Öffentlichkeit lebhaften Anteil nimmt, weil er vom gesellschaftlich fortschrittlichen Charakter dieses Wissens überzeugt ist, will Möbius sein Werk der Öffentlichkeit vorenthalten, nimmt sogar durch den Mord an einer Krankenschwester persönliche Schuld auf sich, um sein Vorhaben nicht zu gefährden, die Welt vor der Apokalypse zu bewahren. Er kann sogar mit vernünftigen Gründen seine beiden Mitbewohner Kilton und Eißler davon überzeugen, sich seinem Schritt anzuschließen.

C. (3) Dann aber nimmt das Stück die überraschende „schlimmstmögliche" Wendung. Die Leiterin der Anstalt hat ihre drei Patienten längst durchschaut, die Morde an den Krankenschwestern eingefädelt, um die Physiker unter strenge Bewachung stellen zu können, hat Möbius' bahnbrechende Schriften kopieren lassen und geht nun entschlossen daran, mit den Physikern als ihren persönlichen Gefangenen die Erkenntnisse des Möbius in einem großen Wirtschaftskonzern rücksichtslos auszubeuten. Das Stück in seiner geschlossenen Bauform signalisiert das definitive Ende der „Freiheit der Wissenschaft". Im absoluten Kontrast zu Brecht und seinem Bild der Wissenschaft als einem Modell aufgeklärter Vernunft erscheint Wissenschaft in Dürrenmatts Komödie als fast dämonische Macht, die ihr auf Beherrschung und Zerstörung ausgerichtetes Werk fortsetzen wird, gleichgültig, wie sich die Wissenschaftler verhalten.

D. Fasst man die Befunde zu beiden Stücken vergleichend zusammen, stellt man fest, dass die Darstellung der Wissenschaftsproblematik in beiden Dramen in einem scharfen, unvereinbaren Gegensatz steht. Bei Brecht erscheint Wissenschaft im Kern als ein entscheidendes Element des Fortschritts, ihre Methode des vernünftigen Zweifels ist dessen eigentliche Triebkraft, sie ist eine zentrale produktive Kraft einer materialistisch interpretierten gesellschaftlich-geschichtlichen Entwicklung. Galilei weiß zwar um die destruktiven Möglichkeiten des technischen Fortschritts, glaubt aber, diesen negativen Möglichkeiten durch ein gesellschaftlich entwickeltes Bewusstsein und ein verantwortliches Handeln des Wissenschaftlers begegnen zu können, eine für eine materialistische Deutung der Geschichte ungewohnt idealistische Vorstellung. Auf der anderen Seite steht der Pessimismus Dürrenmatts, dessen Darstellung der Wissenschaft und der Handlungsmöglichkeiten des Wissenschaftlers auf fast irrationale Weise fatalistische Züge trägt. Wissenschaftlicher Fortschritt hat eher den Charakter eines schicksalhaften Verhängnisses, wird zwangsläufig zu einem Instrument hybrider Machtphantasien und militäri-

scher Massenvernichtungspläne, führt, wenn man den Schluss des Stückes ernst nimmt, in den Irrsinn einer totalen Aneignung und Überwältigung der Natur durch Technik bei gleichzeitiger vollständiger Entmündigung nicht nur des Wissenschaftlers, sondern des Menschen überhaupt. Diese düstere Vision lässt sich sicherlich auch im Zusammenhang mit der Erfahrung der Bedrohung durch einen Atomkrieg in der historischen Phase des Kalten Krieges betrachten. Aber Dürrenmatts Stück liefert im Gegensatz zu Brechts Drama keine verwertbaren Erkenntnisse politischer oder gesellschaftlicher Vorgänge, es liefert eher eine dramaturgisch konsequent zu Ende gedachte apokalyptische Deutung des wissenschaftlichen Fortschritts, eine radikale Zurücknahme der Fortschrittsvorstellung der Aufklärung mit ihrem Glauben an die Macht der Vernunft. Die Wissenschaft erscheint in einer fast theologischen Deutung (man denke an den biblischen König Salomo, der Möbius angeblich seine Weisheiten diktiert, am Ende aber von Möbius als armer, hilfloser König beschworen wird) als der ‚Sündenfall' der Menschheit, deren Wissenspotenzial zwangsläufig zu einem Zerstörungspotenzial wird.
Beide Dramen sind in der Gegensätzlichkeit ihrer ‚Botschaften', aber auch in ihren sehr unterschiedlichen dramaturgischen Bauformen ein gutes Beispiel für die Vielstimmigkeit und Vielgestaltigkeit des modernen Theaters. Zwar öffnet sich das Drama für neue Themen und Stoffe, aber es basiert keineswegs auf einem epochespezifischen Menschenbild oder einem verbindlichen ästhetischen Regelwerk, sondern spiegelt vielmehr die Vielzahl von individualisierten Lebensentwürfen und Überzeugungen des modernen Menschen in einer pluralistischen Gesellschaft wider.

Literaturhinweise

Werkausgaben

Brecht, Bertolt: Gesammelte Werke in 20 Bänden. Frankfurt a. M.: Suhrkamp, 1967. [Zit. als: GW.]
– Arbeitsjournal. 2 Bde. Hrsg. von Werner Hecht. Frankfurt a. M.: Suhrkamp, 1974. [Zit. als: AJ.]
Galilei, Galileo: Dialog über die beiden hauptsächlichsten Weltsysteme. Wiesbaden: Marix Verlag, 2014.
– Discorsi: Unterredungen und mathematische Beweisführung zu zwei neuen Wissensgebieten. Übers. und hrsg. von Ed Dellian. Hamburg: Felix Meiner, 2015.

Sekundärliteratur

Brecht in der Kritik. Rezensionen aller Brecht-Uraufführungen. Hrsg. von Monika Wyss. München 1977. (Neuaufl. 1982.)
Buck, Theo (Hrsg.): Zu Bertolt Brecht. Parabel und episches Theater. Stuttgart 1979. (Neuaufl. 1994.)
Fölsing, Albrecht: Galileo Galilei. Prozeß ohne Ende. Eine Biographie. München 1983. (Neuaufl. Rowohlt Taschenbuch 1996.)
Große, Wilhelm: Bertolt Brecht, *Leben des Galilei.* Hollfeld 2011. (Königs Erläuterungen und Materialien.)
Hinck, Walter: Die Dramaturgie des späten Brecht. Göttingen 1971. (Neuaufl. 1997.)
Hinderer, Walter (Hrsg.): Brechts Dramen. Neue Interpretationen. Stuttgart 1984.
Huber, Hans: Brecht, *Leben des Galilei.* Stundenblätter Deutsch. Stuttgart 2004.
Knopf, Jan: Brecht-Handbuch. Bd. 1: Stücke. Neubearbeitung. Stuttgart/Weimar 2001.
Materialien zu Brechts *Leben des Galilei.* Frankfurt a. M.: Suhrkamp, 1963. (edition suhrkamp 44.)
Materialien zu Brechts *Leben des Galilei.* Hrsg. von Werner Hecht. Frankfurt a. M.: Suhrkamp, 2001. (Erstaufl. 1981.)
Mittenzwei, Werner: Bertolt Brecht. Von der *Maßnahme* zu *Leben des Galilei.* Berlin 1976.
– Gestaltungsprobleme des sozialistischen Realismus in *Leben des Galilei.* In: Materialien zu Brechts *Leben des Galilei.* Frankfurt a. M.: Suhrkamp, 2001. S. 206 ff.
Payrhuber, Franz-Josef: Bertolt Brecht. *Leben des Galilei.* Stuttgart 2002, 2012. (Lektüreschlüssel für Schüler.)

Sautermeister, Gert: Zweifelskunst, abgebrochene Dialektik, blinde Stellen: *Leben des Galilei* [3. Fassung, 1955]. In: Walter Hinderer (Hrsg.): Brechts Dramen. Neue Interpretationen. Stuttgart: Reclam, 1984. S. 125–161.
Schumacher, Ernst: Drama und Geschichte. Bertolt Brechts *Leben des Galilei* und andere Stücke. Berlin 1965.
Steinweg, Rainer: Lehrstück und episches Theater. Brechts Theorie und theaterpädagogische Praxis. Frankfurt a. M. 1995. (2., veränderte Aufl. 2004.)
Szczesny, Gerhard: Bertolt Brecht. *Leben des Galilei*. Dichtung und Wirklichkeit. Berlin: Ullstein, 1966.

Stichwortregister